New Edition

手づくりする木のスツール

座り心地のよい形をさがす、つくる、つかう

西川栄明

Nishikawa Takaaki

はじめに

この本では、主に木工作家がつくる木のスツール（腰掛け）、小椅子、子ども椅子などを紹介しています。一般的にスツールといえば、背もたれのない椅子を指すことが多いのですが、「ちょっと腰掛ける椅子」という観点から作品を選びました（「あとがき」にスツールの意味について詳しく記しています）。

では、本書の特徴をいくつか挙げておきます。

1 木工作家がつくったもの

主に個人の木工作家が自らデザインして、実用的な椅子に仕上げたものを取り上げています（一部、デザイナーがデザインしたものもあります）。国内在住の作り手が家族やお客さんのために、座り心地や用途を考えながら完成させたものです。中には作業用に自分のためにつくったものが、お客さんの目に留まって商品になったスツールもあります。輸入品や大手家具メーカー製品は登場しません。作者の顔が見える、出所のはっきりしたオリジナリティーの高い椅子たちです。

基本的には木製ですが、鉄などの素材と組み合わせることによって強度を持たせたり、フォルムに変化をつけた作品も紹介しました。気になるものがあれば、巻末の作家さんの連絡先やショップ情報を掲載していますので、直接お問い合わせください。

2 作家の考え方がわかる

たんに作品を紹介するだけではなく、木工作家さんのポリシーや、なぜこのようなスツールをつくるようになったのかなど、作り手の考え方にも迫ってみました。作品の生まれた背景を理解してもらえるはずです。

3「座る」道具であるということ

スツールにしろ子ども椅子にしろ、元々、椅子は「座る」「腰掛ける」「休息する」ための道具です。インテリアに用いる場合もありますが、基本はやっぱり「座る」。ということで、本書では座っているシーンを数多く紹介しています。作家さんご自身やご家族のみなさんにご協力いただいて、モデルになってもらいました。人が座っていることで、椅子のスケール感をわかってもらえると思います。

4 読者のみなさんもつくってみる

自分でスツールや小椅子をつくってみたいという読者のために、「つくってみませんか」というコーナーを設けました。木工初心者でも椅子づくりができるようにと、木工作家さんがていねいに教えてくださいました。実際に、一般の方が製作する様子を紹介したページもあります。

背のないスツールは簡素な構造なため、比較的簡単に製作できますが、本書ではちょっと手ごわい背のついた椅子や木馬も掲載してみました。参考にしてもらえればと思います。

なお、刃物の扱いに慣れていない方は、細心の注意を払いながら作業に取り組んでくださいね。

では、木のスツールや小椅子のよさを感じながら（座り心地を確認してもらえないのが残念）、ご笑覧ください。

＊本書は、『手づくりする木のスツール』（誠文堂新光社、2010年8月発行）に、作り手とスツールの紹介や「つくってみませんか」1項目などを新たに加え、木工作家の連絡先や取扱店リストなどを修正し、New Editionとして出版したものです。

New Edition

手づくりする木のスツール

INDEX

79 第3章 素材に、鉄、竹、スギ間伐材。軽い、揺れる、組み立てる…。ユニークなスツールたち

DATA & 図面

第 1 章

まずは、ベーシックなスツールから

気持ちいい緊張感をもたらす、軽やかに仕上げた

杉村徹のスツール

Sugimura Tohru

杉村徹（すぎむら とおる）

1956年、兵庫県生まれ。家庭雑貨製造卸会社に勤務後、松本技術専門校木工科で木工を学ぶ。穂高武居工作舎（松本民芸家具の協力会社）などで家具製作に携わった後、92年に独立。愛知県常滑市に工房を開設。2010年、茨城県に工房移転。

「気持ちいい緊張感が出せればいいかなと思っています。この感覚を感じてもらえればうれしい。緊張感がありすぎると疲れてしまう」

杉村さんのスツールを見ていると、たしかに適度な心地よさが伝わってくる。四角形の座では、短辺の側面はフラットでシャープさが際立ち、長辺の側面ではいびつさを残したラフな感じの仕上がり。このバランスの妙が、気持ちいい緊張感につながるのだろう。座ってみても、微妙に座面が窪んだ鉋の削り具合が心地よい。程よく引き締まった気分にさせてくれる。

「座面はわりと感覚的に削ってますね。荒削りしてから座ってみて、お尻の当たり具合がへんなところをなくしていくというやり方です。手を動かしながら考えているところがある」

脚は機械で八角形の材にしてから、平鉋を使って仕上げていく。

「八角形を十六角形に、そして三十二角形というふうに削っていって、最後はそれほど厳密に丸くしてないんですよ。触ってみると、ちょっとぽこぽこしてる。これくらいでいいのかなあと思って。でも、あんまりごつ

杉村さん作のスツール。脚の材はクルミ。座は、クルミ、サクラ、ウォルナットなど。座の高さは、50㌢、41㌢、30㌢。感覚的に削るので、形は完全に同じものはない。

自作のスツールをチェックする。

治具の上に脚の材を置いて鉋で削る。

座面を鉋で削る。

ごつしているのも好きじゃない」

座と脚をホゾ組みして出来上がったスツールは、見た目で予想していたよりも軽い。

「スツールは動かす家具。家の中でいろんなところで使ってもらいたいから、軽いということを考えて作っています。見た目もごつい感じにしたくない」

若いころは彫刻家の道を目指したこともある杉村さんは、職業訓練校で木工を学んだ後に長野県の家具製作会社で働いた。そこは、松本民芸家具のキャビネットやテーブルなどを作っていた。松本民芸家具といえば重厚なイメージがあり、今の杉村さんの作風とは対照的だ。

「重厚な家具づくりをしていた反動かもしれませんね。軽やかなものが好きになったのは。でも、そこで働いた5年間で技術が身に付きました。先輩にも恵まれ、仕事に対して妥協することのない真摯な姿勢を学びました」

その後、愛知県の家具メーカー勤務を経て36歳で独立した。最初のころは注文家具やオーダーキッチンの仕事を請け負っていたが、40歳を過ぎたころからスツールや器を作るようになる。

「注文のものではなく、自分のオリジナルなものを作っていきたい思いがあった。家具づくりで出た半端な材料を生かすということもあって」

2001年には初個展を開き、スツールが評判になる。今では、年に数回、各地のギャラリーなどで個展やグループ展を開いている。特に女性のお客さんから好評だ。

「座るだけではなく、使いみちを限定せずに、いろんな用途に使ってもらいたいですね。ちょっとしたものを置いたり。ティーテーブルに使う方もいらっしゃいます」

座り心地、持った時に感じる軽さ、全体のフォルム、各部材の削り具合…。これらすべてがうまくかみ合って、気持ちいい緊張感が漂ってくる。

工房の壁には道具が並ぶ。

＊撮影は、愛知県常滑市の旧工房にて。

座面の丸みがお尻にフィット感をもたらす。

狭い台所でも使えるようにと、スリムなフォルムに仕上げた
狐崎ゆうこの
Kitsunezaki Yuko
「ハイスツール550」

狐崎ゆうこ（きつねざき ゆうこ）
1965年、京都府生まれ。小学校から高校まで秋田で過ごす。京都での高校社会科教員生活を経て、93年、長野県立伊那技術専門校木工科卒業。95年に独立し、現在、長野県飯島町に工房を構える。

ナラの木目がきれいな座面の下から、すっと伸びる交差した脚。この形になっているのには訳がある。

「スリムなフォルムにしたのは、キッチンで使うためにと思って。キッチンはスペースが限られている。なるべく場所をとらないよう、脚が広がらないX字型にしました」

狐崎さんには、地元の和太鼓屋さんから太鼓台を作る仕事の依頼が舞い込むことがある。その経験から、脚がXになってい

るた太鼓台のイメージが頭の片隅に残っていたのだろう。

「最初に作ったハイスツールは、4本の脚が四方に広がった形でした。脚を交差するようにして、より丈夫になった」

一見、シンプルな形だが、製作にはかなりの精密さが要求される。接合部は直角のところがない。すべてのホゾは斜めに組まれている。ミリ以下の小数点まで計算して設計した。座面は細長くて丸みを帯びている。元々は、直方体に近い角張った印象を受けるフォルムだった。

「座ったら、少しお尻が痛かった。よく考えてみたら、その形は不自然。ハイスツールに座ると、膝が下がってしまうので座面の角にお尻が当たってしまう。全体的にふくよかなお餅のような感じにして、座の前側を削ってみました。足の付け根が座と触れるあたりに、ほんのわずか傾斜をつけてみたんです」

狐崎さんの家具づくりは、用途や使い方から考えていくというスタイルだ。ハンス・ウェグナーの椅子を好きだと言うが、「椅子やスツールは、使う人にとって座りやすければいい。形は、凝ったものでなくていい。ウェグナーのYチェアは作る側からみるとすごいけど、ちょっと座りづらい気もする」と思っている。「何てことはない椅子が好き。小学校の時に座っていた椅子もかわいかったな」。

今考えているのは、少し広めのしっかりした枠組みの座を籐で編むスツール。程よいクッション性がある籐のよさを生かした、使い心地のいいスツールに仕上がることだろう。

初期作品のスツール（高さ60㌢）に座ってサンダーをかける。

ハイスツール550（ナラ材）。

自宅の台所でハイスツール550に座って煮物を料理。

ハイスツール550（ナラ材、右手前）、ハイスツール560（サクラ材、奥）、ハイスツール600（サクラ材、左）。

工房内でスツールに座って一息つく狐崎さん。

シェーカーの合理的な発想から生まれた

井藤昌志の「三本脚スツール」

Ifuji Masashi

ぱっと上から見ると、何のてらいもないシンプルなスツールの印象を受ける。でも、横から眺めてみると趣が随分違ってくる。それは、座と脚をつなぐ3枚の幕板（支持板）の存在が大きい。柔らかいアールを描いた蝶翼形の幕板は、全体のフォルムを形づくる肝になっている。座の側面につけられた彫り込み、

井藤昌志（いふじ まさし）

1966年、岐阜県生まれ。富山大学人文学部卒業。製紙会社勤務を経て、高山高等技能専門校で木工を学ぶ。木工作家・永田康夫氏に師事した後、2003年にイフジ家具工房設立。09年、長野県松本市に工房移転。

真っすぐな丸棒の脚、蝶の羽の形をした幕板などで構成されるバランスも気持ちいい。軽やかな印象どおり、持っても軽い。

「合理的なシェーカー家具の発想で作ってみました。個人作家が作ると値段が高くなりがちなので、お客さんに手ごろな価格で手にしてもらいたいなと思って。でも、安っぽくならずに、自分ならではのものをどうしたら作れるかと考えた。ヒントになったのがシェーカーでした。自分でも好きなデザインです」

井藤さんは、見た目の美しさ、座る道具として耐えうる強度、そしてリーズナブルな価格というポイントを押えて「三本脚スツール」を完成させた。19世紀に作られたシェーカー家具の中に、蝶翼形の幕板が施されているベンチを見つけることができる。「仕口のやり方にこだわらないけど強度を持たせないといけない」という思いから、シェーカー家具をイメージして座と脚は作業のやりやすい組み方を施した。優雅な形の幕板はデザインのよさと強度の両面に貢献している。

シェーカーのことを知ったの

「三本脚スツール」。材はブナ。座高45㌢。座の直径24㌢。

三本脚スツールに座る井藤さん。「ラボラトリオ」にて。

「角スツール」。座高43センチ。座は40×28センチ。

は高校生のころ。アウトドア雑誌に載っていたシェーカー家具の記事を読んだのが最初だった。その当時は木工作家になろうとは思っていなかったのだが…。大学卒業後には東京でサラリーマン生活を送っていたが、陶芸などに興味を持ち始め、何かものづくりをしてみたいという思いが強くなる。そして、会社を辞めて職業訓練校で木工を学び、飛騨高山で木工作家・永田康夫さんの下で3年間修業する。

「キャビネットなどの箱物からテーブル、椅子と何でも作りました。ホゾ組みのやり方など技術的なことをいろいろ学びましたが、一番影響を受けたのは永田さんの合理的な考え方。無垢材で作った家具をなるべく安い価格で出して、多くの人に使ってもらうことが大切だと。そのためにはどうすればいいか。なるだけ手間をかけず、でも、しっかりしたものに仕上げる。機械を効率よく使うが、手でしか出来ないところは手できっちりやる」

独立して間もないころは、注文家具の製作をしていた。その後、クラフトフェアで販売したシェーカー家具が評判になり、

工房で作業中の井藤さん。手前には、製作途中のオーバルボックス。

ウィンザータイプのスティックチェア。笠木は古材（体育館の床材だった）。背のスピンドルは草木染したサクラ。座はナラ。

今ではシェーカータイプのオーバルボックス（楕円形の木製小箱）が人気商品となっている。井藤さんといえばオーバルボックスというイメージが強い。ただし、家具づくりをおろそかにしているわけではない。「自分の個性を作品として反映させていきたいと思っています。箱やお皿などの小物であろうと家具であろうと関係なく両方大切です」と話すように、家具中心の展覧会も行っている。

「木を愛しすぎちゃいけない。素材として木を突き放してみるところがあって。だから他の木工作家があまりやらないようなペイントを塗ったり、草木染したりすることもある」

永田さんから影響を受けたものづくりの考え方とシェーカー的な発想を自分なりに消化して、井藤オリジナルとして昇華させてきた。さらに、作品づくりの考え方にユニークな視点を持つ。「三本脚スツール」にも、黒やクリーム色のペイントを塗ったものがある。柔軟で合理的な考え方から、一般消費者が手に取りやすく暮らしの中で使いやすい作品が生まれているのだ。

真横から見た円盤スツールの座。

山本有三（やまもと ゆうぞう）

1956年、愛媛県生まれ。高校卒業後、東京の印刷会社で2年間勤務。退職後に品川職業訓練校で木工を学ぶ。東京や大阪の木工所で勤務した後に30歳で独立。2000年、奈良市に工房移設。01年、工房名をUcB工作とする。

常識にとらわれず考えついた、座が盛り上がっている山本有三の「円盤スツール」

Yamamoto Yuzo

円盤スツールに座る山本さん。

初めてこのスツールを見た人は一瞬たじろぎながら、「えっ、これなんやの？ 座り心地悪そうやなあ」というような言葉を発する。山本さんが「まあええから、座ってみてください」と勧めて腰掛けてもらうと、「なんやこれ座れるやん！ なるほど、そういうことかあ」という反応が返ってくる。不思議なスツールだ。

　座はややこんもりして、なだらかなアールがついている。真横から眺めると、まさに円盤が座になっている。

「スツールの座はへこんでいるのが多いけど、逆に盛り上がっていても座れるんちゃうかなあと。へそ曲がりで、人と同じことやるのがいやなもんで…。アールの形状が勝負だと考えて、座って確かめながら3種類試作してみた。アールがきつめのは座ったらしんどくて、ゆるいのは平面に近くなってしまった。今のはお尻にフィットするんです」

　数年前、お客さんからハイスツールの注文がきた。キッチン用に使いたいという要望で、デザインはお任せだった。

「キッチン用スツールは長い時間座るもんやない。豆むくとか、料理の合い間に休むとか、ほんの10分くらい座るもんでしょ。ちょっと腰掛けて楽になるという思いで仕上げたんです。座の真ん中が高いんで、座ると背筋が伸びて姿勢よく作業できる。今までにない座り心地やって、お客さんは喜んでくれました」

　山本さんは会社勤め時代に、上司から「サラリーマンに向いてない」と言われてしまう。自分でもその通りだと思い、職業訓練校で木工技術を身に付け家具製作の道を選んだ。自らへそ曲がりと言うが、それは常識にとらわれない発想につながり、オリジナリティーのある作品づくりとなっている。

　工房名はUcB工作。柳宗理さんの言葉「Unconscious Beauty」（無意識の美）に共感し借用させてもらった。

「俺らが作ってるのは、家具でも小物でも道具であって脇役なんです。その中で自分ができる表現をしていきたい。主役であるお客さんの期待より1.2倍くらいのものを作るように心掛けてる」

　円盤スツールも、お客さんの期待以上の作品となった。

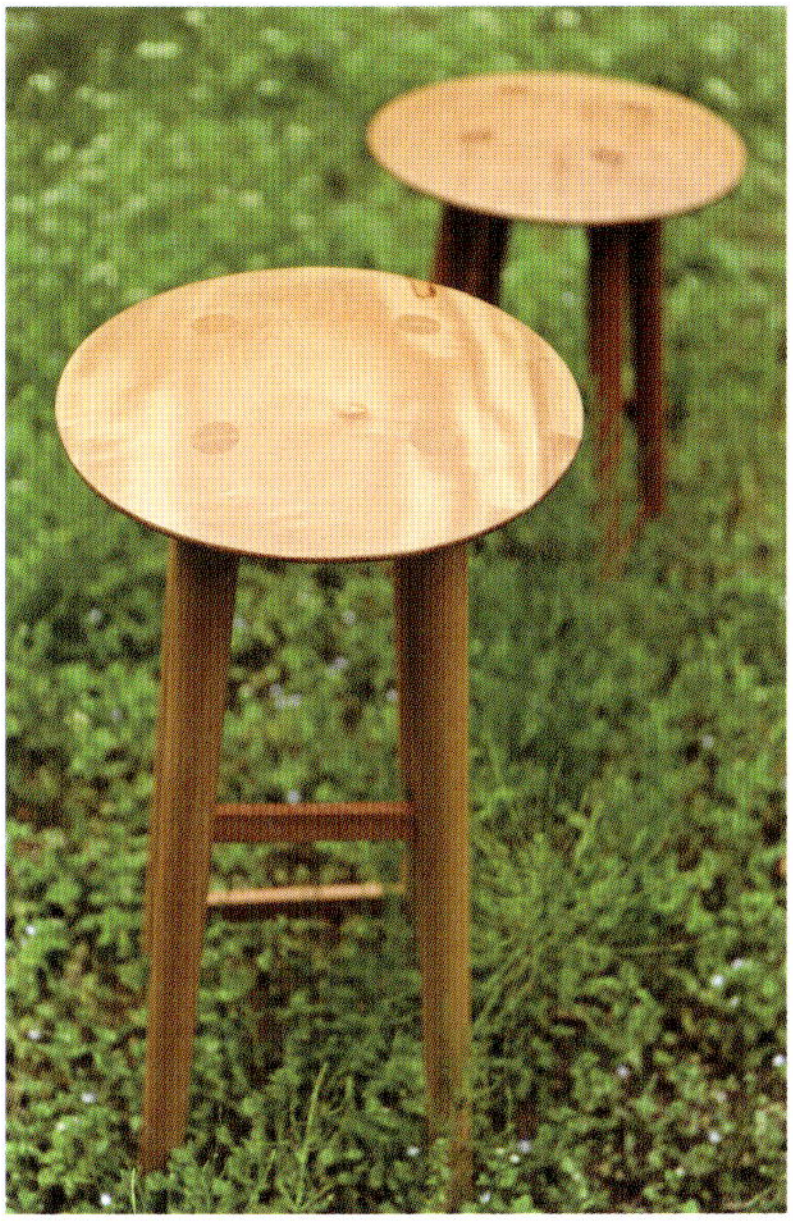

円盤スツール。手前、座の頂点までの高さ53・5㌢、座の直径28㌢、座の材はトチ、脚の材はメープル。向こう側、高さ45㌢、直径30㌢、座の材はナラ、脚の材はケヤキ。座の一番厚みのあるところで4㌢。

脚をつなぐ貫は同じ位置にせず、ずらして付けた。

空間に調和しながら
使っている姿を美しく見せる

安藤和夫の「足置き付きスツール」と「三点支持スツール」

Ando Kazuo

安藤和夫（あんどう かずお）

1952年、神奈川県生まれ。美学校で彫刻を学ぶ。横浜洋家具「竹中」で家具製作、木工家・甘糟憲正氏の下での修業などを経て、85年に独立し横浜に工房開設。2003年、小田原へ工房移転。06年より、高島屋横浜店美術画廊などで個展を開催。

ハイスツールの脚に組み込まれた小さなスツール。そこは本来の目的は足置きだが、幼い子どもが座ってしまうこともある。

「展覧会の会場で、親子がこのスツールに座って休んでいる光景も見られました。そもそも、作業用のスツールを作ろうと思って。3本脚にしたのは平らでないところでも使えるようにと。90センチくらいある作業台で仕事する際に、ちょっと腰掛けて。キッチンで煮物のアクを取ったりする時とか…。座面は少しだけ前傾にしています。深く座るタイプだと仕事しにくいでしょ」

足置きを付けたのは、もちろん実用性を考えてのことだが、少し遊びを入れようという気もあった。ハイスツールの脚を軸にして足置きが回転できるので、収納するにも場所をとらない。見栄えのよさ、機能、ちょっとした遊び心などを兼ね備えたスツールである。脚の材には強度のあるメープルを用いた。それも、バイオリン製作者の友人から譲ってもらったヨーロッパ産の高級バイオリン用材。座は少し柔らかめで温かみのある北海道産クルミ材だ。

「形はこっちの方がきれいです。

足置き付きスツール。座の材はクルミ、脚はメープル。三角形の座面の一辺は29センチ。座高64～65センチ。足置きの高さ25センチ。

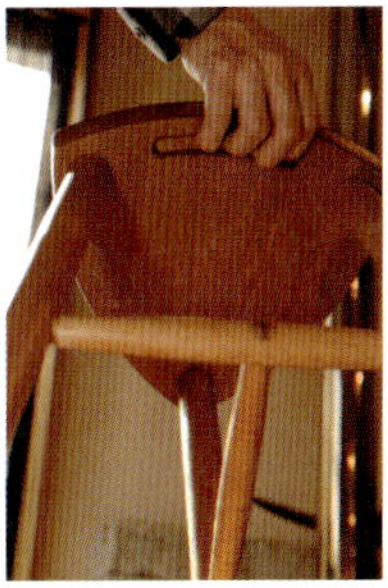

足置き付きスツールの座の裏には、持ちやすいように彫り込みが施されている。

三点支持スツール。座の材はクルミ。脚はメープル。座の前側の高さが66センチ、後ろ側が68センチで前傾している。

足置き付きスツールに座って本を読む。

20数年前に娘さんのために作った小椅子。材はナラ。「娘がこたつで食事する時に座っていた。子どもは後ろにひっくり返りやすいので安定性を考えて作った。手間は大人用の椅子と同じ」と安藤さんは話す。

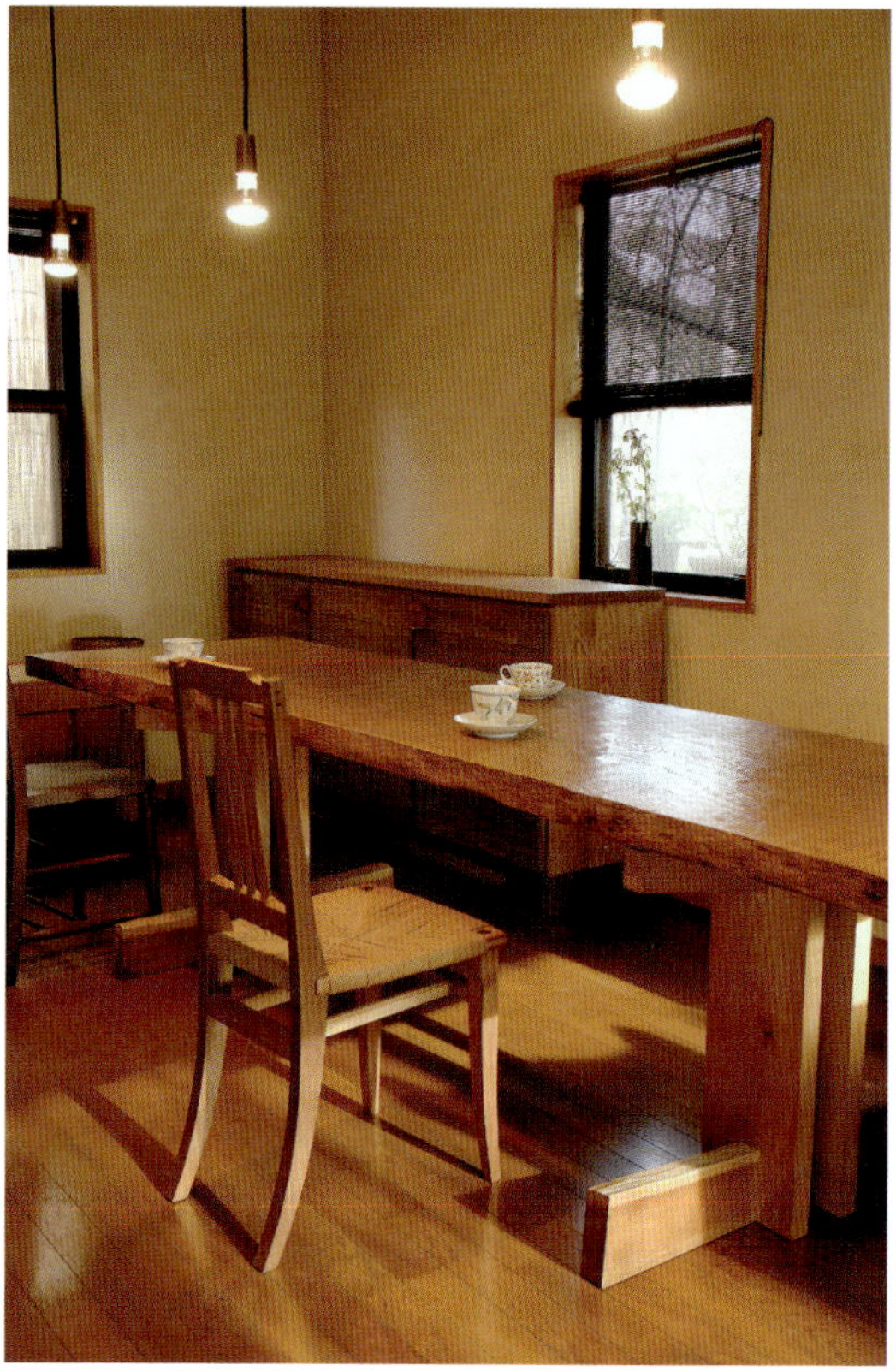

ちょっとつんと澄ました女性が座る姿をイメージして作った椅子。座はペーパーコード編み。材はクルミ。座高43㌢。笠木までの高さ88㌢。

編み座ハイスツールとデスクを収納した状態のロングトールライティングデスク。

ロングトールライティングデスクは、ちょっと一杯やったり、簡単なデスクワークをするのにちょうどいい。

安藤さんの工房内部。

フォルムを大切にしながら作った。足置きがあると、見た瞬間にどうしてもそこに目がいく」と話しながら安藤さんが指差したのは、自分づかい用の「三点支持スツール」。刃物の削り跡を残しながら、全体の雰囲気はスタイリッシュで落ち着いた印象を受ける。

「椅子やスツールは、人間という存在があって用途として使う。まずは機能優先ですがそれだけではない。人が使っている姿が美しくて、使っていない時でも美しいものでないと。〝ベスパ〟のようにね」

ベスパとはイタリア製のスクーター名。映画「ローマの休日」でオードリー・ヘップバーン演じる王女がローマ見物をするシーンで乗っていた。イタリアンデザインの粋を集めたような車体単独での美しさと、運転する人とスクーターが一体になった姿の優雅さや凛々しさ。この雰囲気が安藤さんをベスパファンにさせ、椅子の例えに持ち出したのだろう。

「若いころは彫刻家を目指していました。当時の時代背景を反映してコンセプチュアルな考えで実在を否定してみたり、抽象以前ともいえるオブジェを作ったり…。座るという用途がありながら、人が座ってない時にはオブジェとして存在感を出せる椅子というものに、そのころから興味がありましたね」

現在はコンセプチュアルアートとは対極にあるような注文家具の製作が多い。お客さんが漠然と抱いている夢や思いを実現させるのが、自分の役目だと捉えている。ここ数年、厨子《ずし》をテーマにした個展を開いていることもあって、椅子やスツールを作る機会が減ってきた。でも、やっぱり作っていきたい。

「突出しているのではなく、生活空間に調和する美しいものを」

家具は空気のような存在であってほしいという。「納品した時に10年前からそこにあったような気がすると言われることがある。これはもう一番うれしい言葉です」と自作のスツールに座りながら安藤さんが話してくれた。自宅のリビングでも、空間にすっぽりとなじんだスツールが使われていた。

藤井慎介（ふじい しんすけ）

1968年、静岡県生まれ。武蔵野美術大学造形学部建築学科卒業。建設会社での設計実務を経て松本技術専門校木工科で木工技術を学び、京都で漆の修業を積む。2000年に独立後、日本伝統工芸展や国展で入選を重ね、07年に国展「工芸部奨励賞」受賞。

彫刻的で
造形的な一面と、
座り心地という
機能を合わせ持つ

藤井慎介の拭き漆スツール

Fujii Shinsuke

ぱっと見たところ柔らかな丸みを帯びたスツールと感じるが、真横から眺めると座面下のシャープなラインが際立つ。

「元々、デンマークのミルクスツールのイメージに引っ張られていたところがあったので、そこから自分らしい形へどんなふうに持っていこうかと思い続けてます。このスツールは、まだ形が決まっていないんです」

藤井さんにとって椅子とは、

まず造形的な鑑賞に堪えうる彫刻的なものだという。

「彫刻に比べると椅子は身体に関わりを持ち、人が体をあずけるもの。なので、座った時に何だか知らないけど座り心地がいいものでないといけない。座る機能と彫刻のような造形的魅力という、一見ギャップのあるものがつながっていくものを作っていきたい」

拭き漆のスツールでは、機能と造形的魅力の二者の関係が、藤井さんの中ではまだつながっていないのかもしれない。

「造形的にはいろいろと挑戦していますが、あんまりとげとげせず、出しゃばらないようにと思いながらやっています。例えば、線を自然に流れるようにするとか。漆の表情にしても、ちょっと控えめにする。木が主役だと思っているので、木の質感を損ねないぎりぎりのところで止めるようにする」

藤井さんと話していると造形という言葉が頻繁に出てくるが、作品づくりにおいては家具や工芸という概念ではなく「造形」という概念で取り組んでいきたいという。漆に関しても、藤井さんの捉え方にポリシーを感じる。

「漆は木のテクスチャー（感触や質感）を自由に変えられる。荒い状態で仕上げるのと、磨きこんでつやを出すのとでは表情が違う。表現の一手段なんです。もちろん、木を硬くしたり保護したりの役割があるという、漆の効能を押えた上のことですが」

日本伝統工芸展では拭き漆の器を、国展では拭き漆の椅子を出展し、それぞれ入選回数を増やしてきた。造形という概念を追求し、漆に対して独自の考えを持つ藤井さん。拭き漆スツールの納得いく完成形が待たれる。

どの方向から見てもラインが美しい。

（左）座高42センチ、座面36センチ×42センチ。（右）座高43センチ、座面33センチ×42センチ。ともに座の材はトチ。脚はサクラ。拭き漆仕上げ。

見る角度によって表情が違う、丸っこくて愛嬌のある

戸田直美の「お豆スツール」

Toda Naomi

「座面の楔《くさび》が顔みたいに見えるし、豆から芽が出ている様子にも似てる。大人も子どもも、ちょこんと座り、すくすく成長できたらいいなあと思って『お豆スツール』と名付けました」

数年前、戸田さんが作業用に使っていたスツールを欲しいという注文がきた。作り直して仕上げたのが「お豆スツール」の原形だった。その後、何脚も作ってきたが、どれも微妙に形や大きさは異なる。

戸田直美（とだ なおみ）
1976年、兵庫県生まれ。京都市立芸術大学美術学部工芸科漆工専攻（木工コース）卒業。同大学院修了後、漆芸家具の木工職人の下で修業。2001年、工房potitekを設立。

「テーブルを作る際に切り落とすような材を使うので、適当にサイズを変えてます。他の椅子はカチッと仕上げることが多いんですけど、これは気分的に楽しみながらカーブを削り出してます」

脚はまん丸ではなく、手鉋で削っているのでちょっとラフ感のあるアールが出ている。見る角度によって表情が違う。

「脚がにょきっと生えているような、生き物っぽくなってるでしょ。愛嬌があって」

戸田さんは刃物産地として有名な三木で生まれ育った。父は鑿《のみ》にはめ込む輪っかを作る職人。「家で父がガッチャンガッチャンやりながら仕事してたんで、〝つくる〟ということが身近だった」という。芸大の大学院を修了後、腕のよい木工職人の下で1年近く修業する。「鉋の削りをみっちりやった。例えば木刀を削るには、線がつながっていることを意識しろなどと言われながら」という話を聞くと、スツール全体から鉋仕事による雰囲気のよさが伝わってくることに合点がいく。

独立後は店舗や個人のお客さんから注文を受けて家具を作ってきた。長女を出産してからは、子ども向けのものも手掛けていきたいと思うようになる。「お豆スツール」は3本脚だが、「これからは安定性のいい4本脚のも作って、ふうちゃん（長女・双葉ちゃんの愛称）にもしっかり座ってもらえるようにしたいです。子どもの空間づくりのプロデュースにも取り組みたい」と、母親であり作り手である立場から今後の抱負を語ってくれた。

鉋の削り跡が残る脚は、一本ずつ少しずつ形状が異なる。仕上げはサンドペーパーで磨いている。

部屋の中に立てたティピで遊ぶ、長女の双葉ちゃん。

「お豆スツール」。座高は28㌢～42㌢くらい。材は、トチ、ウォルナットなど。「シルクみたいな、何ともいえないふにゃふにゃした感じのトチの木目が好き」と戸田さん。

アトリエで作業中の戸田さん。

和と洋のテイストを持った、長時間座っても疲れにくい

山極博史の「nene」

Yamagiwa Hirofumi

「nene」。34㌢×45㌢×高さ45㌢。

山極博史（やまぎわ ひろふみ）
1970年、大阪府生まれ。宝塚造形芸術大学卒業後、（株）カリモクで家具の商品開発担当。同社退職後、松本技術専門校木工科で木工技術を学び独立。「うたたね」を立ち上げ、現在、大阪市中央区にショールームと事務所を構える。

大きめの布張り楕円座面の中に詰められた、厚めのクッション。どっしり構えて安定感のあるタモ板材の脚。見るからに座りやすそうだ。布座のカラフルな色合いは、部屋の中に華やかさをもたらす。

「長時間座っても疲れない椅子がほしい」という、知り合いのジュエリーショップからの要望に応えて仕上げた「nene」。今や山極さんの定番商品になっている。

「座り心地を追求してみました。その結果、座は大きくてクッション性のいいものに。板脚にしたので床に負担をかけず、畳やじゅうたんの上に置いても大丈夫です。少し和の感じもあるでしょ。洋も和も似合う、楽しいイメージのものになっています」

大学でデザインを勉強し、大手家具メーカーでは家具全般にわたっての設計に携わった。いいものを作るには製作のことを知らなければと、職業訓練校で木工技術も学んだ。現在の家具製作現場においては、このような経歴を持つ人は強い。山極さんはこの強みを生かしてデザインや機能性、さらにはお客さんのニーズなどに対応しながら新しい作品を生み出してきた。スツールでも「futaba stool（フタバスツール）」などの新作を発表している。

「スツールは、暮らしの中でセカンドカーのような脇役として活躍してくれるイメージがある。でも、脇役といっても主役級の実力を十分兼ね備えているものを作りたい。座り心地は大前提としてありますが、コンパクトで軽くて使いやすいのがいい」

理想のスツールは、生活に溶け込んでいくものだという。

「ずっと生活の中で長く使ってもらって、時代の変化にかかわらずロングセラーになってほしい。今、きりがないくらいスツールのアイデアを持ってますよ。これからはスツールに力を入れていって、スツールメーカーと呼ばれたいくらいです」

〝スツールメーカー山極博史〟が作った、記念すべき第一号スツールが「nene」である。ちなみに、豊臣秀吉の正室ねねの名から命名した。「脇役ながら、いつも主人を支える」という意味合いからだという。

「nene」に座る山極さん。「うたたね」のショールームにて。

「futaba stool（フタバスツール）」。双葉のイメージから命名した。モダンな和をイメージしたデザイン。材はホワイトアッシュとウォルナット。

「こんな椅子があったらいい」という発想から生まれたスタジオKUKUの「どこでもスツール」と、落ち着いた空間がよく似合う谷進一郎の「籐スツール」

Tani Shinichiro

籐スツールに座って本を読む、谷進一郎さん。

スタジオKUKU

2003年スタート。谷恭子さんの提案したコンセプトを、谷進一郎さんや工房スタッフが意見を出し合ってデザインし製作する。小皿、バターケースなどの小物からスツールに至るまで、商品ラインナップは多岐にわたる。

「どこでもスツール」。持ち手までの高さ40㌢、座高25㌢。

谷進一郎(たに しんいちろう)

1947年、東京都生まれ。武蔵野美術大学で家具デザインを学んだ後、松本民芸家具にて家具製作。73年、独立。群馬県沼田市に工房を開く。75年、長野県小諸市へ工房移転。2003年、現代の木工家具展(東京国立近代美術館工芸館)に出品。国画会工芸部会員。

スタッキングできるスツール。座高35㌢。

「CHOCOTTOスツール」。三段重ねの箱になっている。座は布張り(真木テキスタイル製)。

「高齢の父が玄関で靴を履くのに苦労していましてね。ふろ場の脱衣場でズボンをはく時の手助けにもなる便利なものがないかと思って…。そういったものがあったらいいなという発想からでした」

こんな谷恭子さんの身近な体験や思いから、スタジオKUKUの「どこでもスツール」が生まれた。座面はゆるやかなアールをつけてお尻にフィットするようにした。座を籐編みにしたのは、脱衣場で濡れても大丈夫なようにとの配慮からだ。立ち上がる際に踏ん張りがきくように、両サイドには丸みのついた握りやすい持ち手も付けた。片手で持ち運びできるくらいの重さに押えている。畳摺りが付いているので和室にも置ける。

「ちょっと座ったり、物を入れといたりするのに便利な『CHOCOTTOスツール』は、おばあちゃまたちに好評です」

そもそもスタジオKUKUは、恭子さんが使ってみたいなとイメージしたトレーなどの小物を商品化したのが始まり。夫の谷進一郎さんは、漆仕上げの重厚な家具や椅子などをていねいに仕上げることで有名だ。KUKUを立ち上げる際には、あえて進一郎さんのテイストではなく、白木を中心としたナチュラル感を出すことにした。家具でも、女性が一人で持てる小さめのものを考えた。恭子さんの提案を進一郎さんだけでなく、若いスタッフも加わってデザイン案を出し合い、形にまとめていく。

籐スツール。32センチ×36センチ×高さ35センチ。

KUKUブランドではない谷進一郎さん作の「籐スツール」は、拭き漆仕上げのカバ材のフレームに座は籐編み。これはアームチェアのオットマンとして考えられた。それが今では単品だけでも注文がくる。和室でもフローリングのリビングでも、このスツールを置くと、その場が引き締まるような存在感が出る。

玄関で「どこでもスツール(足置き付き)」に座って靴を履く、谷恭子さん。

ぶつけてもいい、汚れてもいい、コンパクトで安価でスタッキング可能な

新木聡の「Ply Wood Stool」

Shinki Satoru

名前は、使用素材から名付けた「Ply Wood Stool（プライウッドスツール）」。Ply Wood とは、合板を意味する。新木さんがこのスツールを作ろうと思ったのは、必要に迫られたからだった。

「工房に来るお客さんに座ってもらうためのものです。狭い場所なので、大きな椅子を置くことはできません。パイプ椅子では味気ないし…。そこで、ぶつけても汚れても気にならない、スリムでコンパクトなスタッキング（積み重ね）できるスツールを作ろうと思ったのです。鉄工所などから、泥や油の付いた作業服のままやって来る人が多いので」

材料に無垢材を用いることは当初から考えず、安価で手に入りやすいシナ合板を選んだ。すっきりした外観だが、サイズを決

Ply Wood Stool（プライウッドスツール）。座は30㌢×18㌢。高さ50㌢。脚の着地面の横幅は41㌢。貫の縦幅7.5㌢。シナ合板。定価18,000円（税抜、2018年2月現在）。

新木聡（しんき さとる）

1970年、神戸市生まれ。飛騨国際工芸学園で木工の基礎を学ぶ。大阪の木工所に勤務後、2004年に独立し、新木工房を開業。現在、大阪・豊中市で椅子を中心に注文家具製作や家具修理を行っている。

めるのに苦労した。

「全体のイメージはすぐに浮かんだのですが、スタッキングさせようと思うと絶妙な寸法に収めないといけない。角度が大きすぎると重ならないし、狭いと入らない。まずは、CADでシミュレーションしてから手書きで起こして解決させました」

最終的には、自分の中できれいに見える角度に収めることによって、全体のフォルムにシャープさが出た。木口の合板の積層のラインもデザインに生かした。

製作面では、ドイツの電動工具メーカーFESTOOL（フェスツール）社のホゾ組み加工機ドミノを使用することで効率的に仕上げることが可能になった。座と脚、脚と貫の接合部に、ドミノを使ってホゾの役割を果たすチップ（ブナ材）を埋め込んでいった。

「一般の方よりも、職人さんやカメラマンのような方に、気に留めてもらえることが多いです。日本料理のお店から、厨房で賄《まかな》い料理を食べる時用に使うからと、10数脚の注文もありました」

狭い場所での使用、汚れても傷ついてもかまわない、スタッキング可能、安価…。明快なコンセプトがある上にデザインとしてもシンプルに仕上げられている、どこか潔さを感じるスツールだ。

4脚までスタッキングできる。

木口には、ドイツ製塗料オスモのノーマルクリアを3〜4回塗っている。

接合部の内部にはホゾの役目を果たすチップ材が組み込まれている。座の中央部の溝は、幅18.5ミリ。

ドミノを使ってホゾ穴を開ける。

工房で、Ply Wood Stoolに座ってラフを描く新木さん。

ホゾ穴に入れたチップを、玄能で打ち込む。

木工作家がつくった
いろんなスツール

◀
花塚光弘の
「お尻の下の友人たち」
材は、ナラ、ブナ、ウォルナット、チェリーなど。
座は、20㌢×25㌢×厚さ4.5㌢。座高27㌢。

◀
川端健夫の
「丸スツール」
材はウォルナット。座の
直径30㌢。座高42㌢。

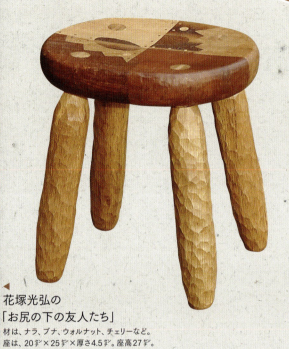

▲
宮地鎮雄の「ラ・トロア」

Gマーク選定のスタッキングスツール。6脚まで重ねられ、円形にも並べられる。材は北海道産クルミ。座の三角形の一辺43㌢。座高41.5㌢。

▲
戸田直美のハイスツール

左：材はウォルナット。座の直径18.5㌢。座高63㌢。右：材はナラ。座の直径17.5㌢。座高65㌢。

つくってみませんか 1

パイン材でつくる、おしゃれな布座スツール

by 山極博史

カラフルな色合いでデザインセンスのいいスツールをつくってみませんか。材料はホームセンターや布地屋さんで手に入るものばかり。自宅で使うおしゃれなスツールをほしいと思っていた岡崎早苗さんが、「nene」の作者の山極博史さん（p30）の指導を受けながらスツールづくりにトライしてみました。

4本脚の布座スツール
36㌢×32㌢×高さ38㌢

材料

パイン材
〔側板用〕(300㍉×90㍉×19㍉)×2
〔貫用〕(240㍉×40㍉×30㍉)×4
〔脚用〕(390㍉×40㍉×30㍉)×4
ラワン合板
〔座板用〕(320㍉×170㍉×15㍉)×2
丸棒(10㍉径×長さ300㍉分)
ウレタン〔座のクッション用〕
布〔布座用。2種類の色違いの布を使うとカラフルな仕上がりになる〕

道具

胴付きノコギリ
両刃ノコギリ
クランプ
電動ドリル
(10㍉径ドリル、5㍉径ドリル、3㍉径ドリルなど)
ハンドタッカー(木工用ホチキス)
えんぴつ
カッター
ノミ〔写真には入っていない〕
分度器
メジャー
さしがね(かね尺)
はさみ
キリ
玄能
サンドペーパー(#120、#180、#240)
木工用ボンド
スプレーのり
ネジ(50㍉×8、40㍉×8、32㍉×12)

＊p152参照

つくり方

部材に墨付けする

1 加工図（p152）を参考にしながら、側板2枚に墨付け。さしがね、メジャー、分度器を使って、えんぴつ線を引く。ネジ留めの位置にキリで穴をあける。

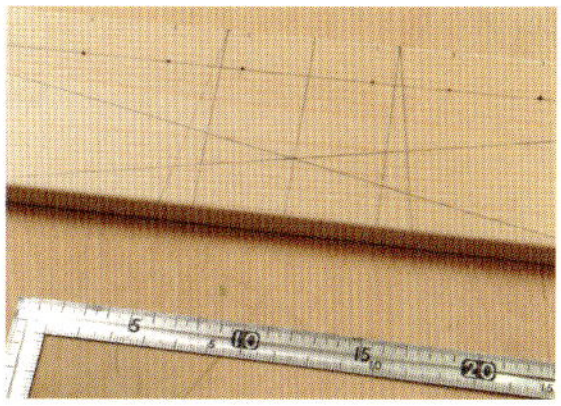

側板の墨付けが終了。

2 脚4本に墨付け。最初に木口から55ミリの線を3面（短辺2面、長辺1面）に付けてから、木口と側面に上辺から10ミリの線を入れる。

3 脚先の墨付け。脚先に10度の角度を付ける。左右の脚はカット方向が反対になるので要注意。

4 貫は2本ずつ2種類（A、Bタイプ）の墨付けをする（p152の図）。ネジ留め位置にキリで穴をあける。座板2枚にも墨付けする。

部材切りと穴あけ

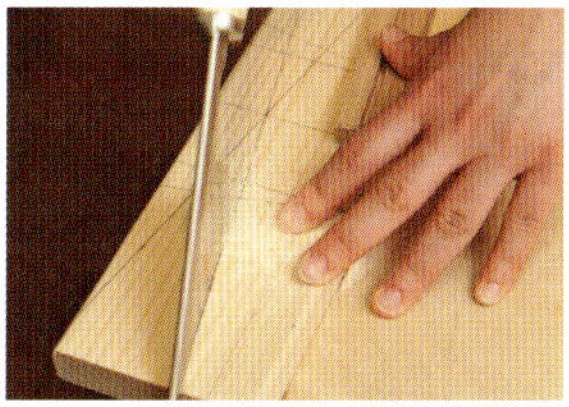

5 クランプで材を押え、側板を切る。

6 脚を切る。側板と合わせる接ぎの部分（欠き込み）は、真横から確認しながら。順次、貫や座板も切っていく。

7 側板の穴あけ。墨付けした印のところを、3ミリ径程度の細い電動ドリルで貫通させる。その後10ミリ径ドリルで6〜7ミリくらいの深さの穴を彫る（丸棒をうめる穴）。

❹ フレームの組み立て

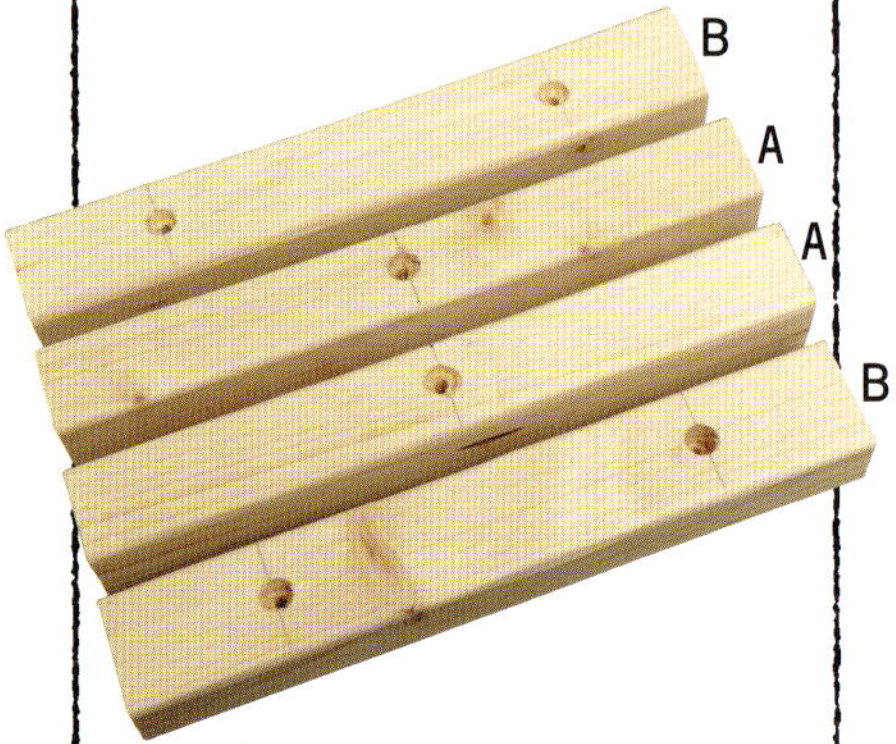

8 貫の穴あけ。細いドリルで貫通穴をあけてから、10ミリ径ドリルで深さ6〜7ミリほど彫る。穴一つのAタイプと穴二つのBタイプあり。

9 脚の接ぎの部分（欠き込み）にネジ穴を2カ所あけ、ノミで面をほぼ平らにしてからサンドペーパー（#180）で磨く。

側板と脚の組み立てが、ひとまず終了。

10 接着面にボンドを塗って側板と脚を接合。脚側から2カ所と貫側から1カ所、32ミリネジで留める。

11 貫を軽くサンドペーパー（#240）で磨いてから、側板と貫の接着面に木工用ボンドを塗り接合（両サイドに貫・Bタイプ）。32ミリネジで仮留めする。

12 反対側も接合し、椅子の形に完成。1時間ほどボンドを乾かす。

13 側板と貫を仮留めしていた32ミリネジをはずし、50ミリネジで留める。側板と脚は32ミリネジのままで。

14 脚の頭が貫よりも飛び出している部分をノコギリで切る。

15 ネジ穴に丸棒をうめる。丸棒の先端をサンドペーパーで少し削ってから穴に入れ、玄能で打ち込む。丸棒を面に沿って切る。

16 平面の上にスツールを置いてバランスを確認。脚を切って調整する。

座面の布張りと取り付け

17 サンドペーパーで座板の面取りをしてからスプレーのりを吹き付け、ウレタンの上に置く。板の大きさよりも少し余裕を持たせてウレタンを切る。

18 布の上にウレタンを貼った板を乗せ、折り畳んでいく。布をなでるようにして伸ばしながらタッカーで留める。タッカー針が浮いているところは、玄能で叩いておく。

19 時々、表面を見てシワになっていないか確認。

20 板角部分の布は、折り込みを重ねていく。タッカーで留め終わったら、はさみやカッターで余分な布を切っていく。

21 もう一枚の座板にも布張りする。

22 取り付け前にフレーム全体をサンドペーパーで磨いてから、全体のバランスを確認。座の位置を決め、裏から貫と座をネジで留める。内側の2カ所（貫・Aタイプ）には50ミリネジ、外側の4カ所には40ミリネジを使用。

ここがポイント

部材の接着はしっかりと。すき間ができないように

一　墨付けはきっちりと慎重に。最初の墨付けがうまくできていないと後々に響く。部材の大きさが同じでも、墨付け場所が異なるものがあるので注意する（貫のネジ位置など）。

二　部材同士はしっかり接着させる。ネジはきっちり締める。強度を持たせるための基本的な重要ポイント。

三　座の布張りの良し悪しで仕上がりの見栄えが決まる。うまくやるポイントは、

①まめに表面のシワをチェックする。布地が柄物の場合は、柄がゆがまないように。引っ張りすぎず、ゆるすぎず。

②板角部分での折り込みはやりにくいが、紙を折るのと要領は同じ。一回折って、もう一回折って、という具合に。

③布選びは自分のセンスで。ツートンカラーでもいいし、2枚とも同じ種類の布でもいい。

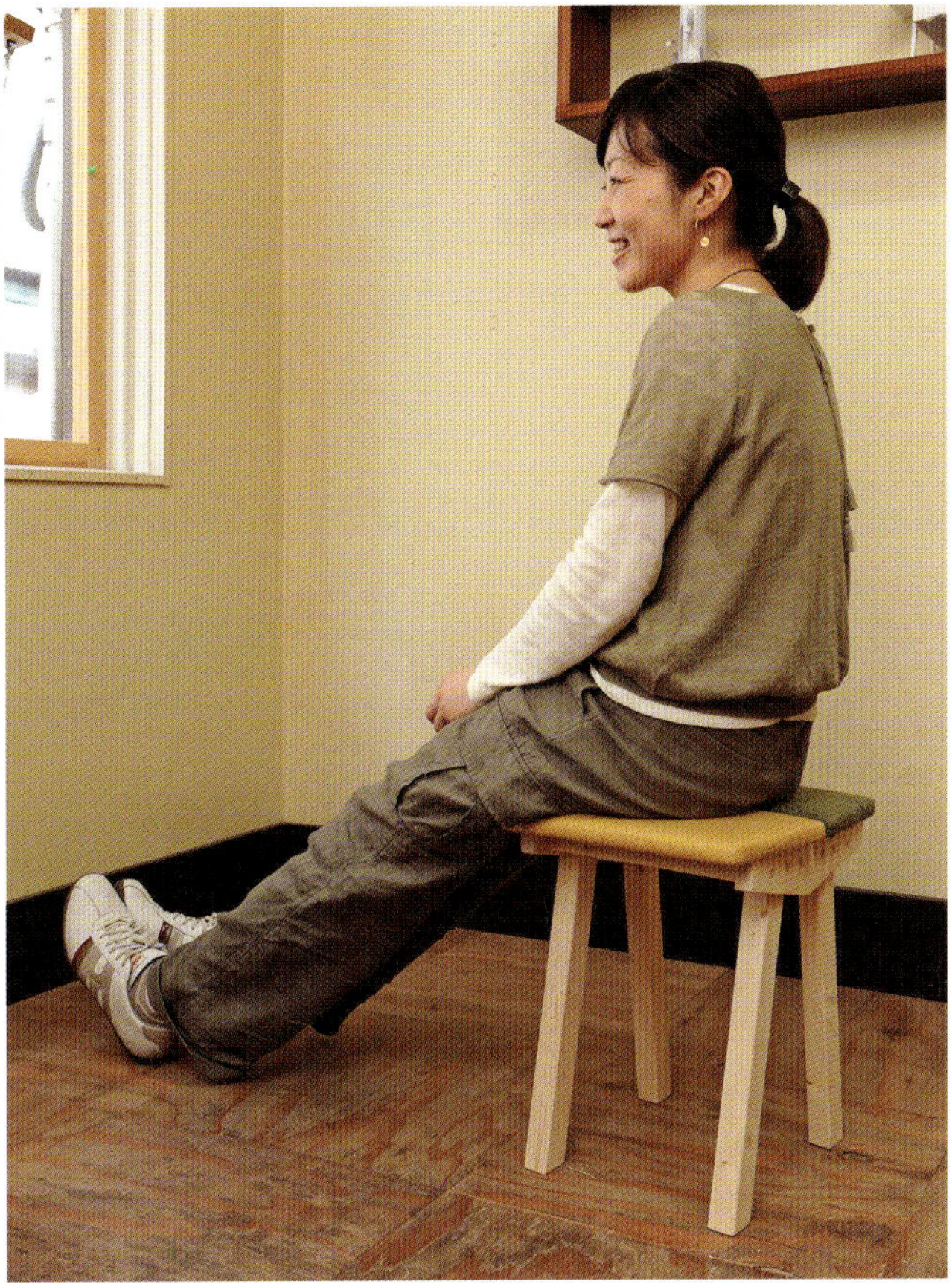

「うれしい！ 座り心地いいです」

完成

つくり終えての感想

製作者の岡崎さん

座るのが もったいないくらいです

きれいな座面が気に入りました。シンプルだけど、部屋に置いているだけでもかっこいい。どこのホームセンターでも売ってる建材用パイン材だけど、こんなに存在感あるスツールになるなんて。大切に使って、みんなに自慢します。

──難しかったところは？

ノコギリで側板の斜めのラインを切る時は、ちょっとやりにくかった。電動ドリルも最初は力加減がわからなくて。ある程度、力を入れないといけないんだと。座の布張りでも、厚手の布だったので折るのに力が入った。墨付けは慎重に正確にやることを心掛けました。ここが基本中の基本ですから。

──読者の方へアドバイスを

作業を進めていくうちにだんだん慣れてきます。初心者の方でもやっていくうちにコツがわかってくると思いますよ。

グリーンウッドワーク講座

クリの生木を割って削って、シェーカースタイルのスツールをつくる

講師：久津輪雅（岐阜県立森林文化アカデミー准教授）
場所：岐阜県立森林文化アカデミー

1 まず、講師の久津輪さんから製作にあたってのレクチャー。机の上には、各工程における部材が並ぶ。写真手前側が貫。向こう側が脚。右から左へと削り作業が進み、形になっていく。「乾燥した木を使う木工とは違う。生木は縮むのだということを理解しておく」（久津輪さん）。

2 使う材は、直径40㌢のクリの生木。

グリーンウッドワークとは、まだ乾燥していない生の木（green wood）を使って椅子や器を作る木工のスタイルです。昔からヨーロッパなどで行われてきました。柔らかく加工しやすいという生木の特長を生かしながら、基本的には電動工具を使わず手道具だけで仕上げていきます。

イギリスで17世紀後半から作られ始めた「ウィンザーチェア」の脚や背棒の加工も、グリーンウッドワークでした。各地に生えているブナやニレなどの木を伐り出し、ろくろ師たちが森の中で挽いて部材加工したものを町へ運んで組み立てたようです。

実際にクリの丸太からスツールを製作する工程を見学するために、NPO法人グリーンウッドワーク協会が主催する講座へ出かけてみました。講師や参加者の声を交えながら、製作工程を紹介します。なお、今回の製作品は、シェーカー家具のユーティリティ・スツールとほぼ同じタイプです。

（注：この講座は5日間コース。ここでは工程の詳細は省き、大きな流れを紹介しています）

3 玉切りした丸太を割っていく。楔(くさび)や万力(直角柄付き割り鉈)を使って。

「カンカンと
気持ちよく
割れるんやけど、
なかなか真っすぐ
思った通りには
割れてくれんなあ」

4 どんどん割って木取りしていく。節や白太部分は避けながら。

5 スツールのフレームに使う部材(脚、長手貫、妻手貫)各4本に予備を加えた本数をそろえる。脚は45ミリ角、貫は25ミリ角を目安にする。

6 削り馬(シェービングホース)に材を固定し、銑(せん)を引いて荒削りしていく。材の断面が四角形になるようにひたすら削る。脚は38ミリ角、貫は20ミリ角に。「逆目の見極めに注意すること。ちょっと気を緩めるとケガにつながる」(久津輪さん)。

「とにかく削るのに疲れる。
でも、削りが楽しくなって、
ある種の瞑想状態にも
なっていくような感じに」
「クリの甘酸っぱい香りが
漂ってきて、
どんどん削ってしまいそう」

7 脚の加工。下端を直角に切り落としてから、脚の下部にテーパーを付ける（先細りにする）。墨付けしたえんぴつ線を目安にしながら銑で削り、断面を八角形にしていく。

8 貫の加工。仕上がり寸法の長さに切った貫の材を、南京鉋で断面を八角形に削ってから丸く仕上げていく。

9 貫にホゾをつける。南京鉋で削り、サンドペーパーで先端部分をならす。予備の脚材にホゾ穴をあけておき、貫を差し込んでホゾの太さを確かめる。再度、南京鉋やサンドペーパーで微調整する。「貫をしっかり乾燥させてからホゾを加工する。穴にやっと入るくらいがちょうどいい」（久津輪さん）。

10 脚のホゾ穴あけ。南京鉋で丸く削った脚に、妻手（短い方）貫用のホゾ穴をあける。16ミリ径のドリルを回しながら、深さ25ミリまであける。

11 脚と妻手側の貫を組み立てる。ホゾ穴に接着剤を塗り、ホゾの木口の木目が水平になるように入れていく。クランプで締め付け、ねじれていないかを確認してから乾燥させる。

「最初の穴あけは緊張したけど、あわてないであせらずに自分のペースでゆっくりやってみたらうまくいきました」

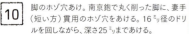

12 脚に長手（長い方）貫のホゾ穴をあける。長手貫は妻手貫の下側にして、2ミリだけ重なるようにする。

13 全体を組み立てる。長手貫を脚と組み合わせる（上記11と同じように）。接合部が直角になっているかを確認し、乾燥させる。脚の上端は、長手貫から30ミリくらいのところで切り、小刀で形を整える。

14 脚を切る。乾燥後、クランプをはずして全体のバランスを確認。がたつく時は、脚の下端を切って調整する。塗装したい人は、この段階で家具用オイルなどを塗る。

15 座のクッションをつくる。座面の大きさほどの布袋を準備し、削りくずを袋に詰める。

16 座面を布テープで編む。距離の短い方からテープを巻き始め、途中でクッションをはさみ込む。短い方を巻き終えたら、長手と平行に（長い方を）編んでいく。テープの端は編み目に編み込んで留める。

完成　スツールの寸法の目安　48㌢（幅）×38㌢（奥行）×43㌢（高さ）。

「あの丸太が、こんなスツールになるなんて。
形もきれいだし、クッションたっぷり入れたので
座っても気持ちいい」

「十分に乾燥させた木でないといい家具ができない
という考えを、見事に打ち崩してくれた。
生木で作れるじゃないかって、
気持ちいい裏切られ方をしました」

自作のスツールに座って、コーヒーを飲みながら一息つく。

「一人でやり切った満足感いっぱい。
自分用に使って友だちに見せびらかせます」

「なんか衝撃的です。
“つくる”ということに対して
根源的な喜びを感じて…。
本当に出来上がって、うれしいの一言です」

＊NPO法人グリーンウッドワーク協会では、各地でグリーンウッドワークの講習会を開いています。

第2章

小さな
背もたれのついた
スツールや小椅子

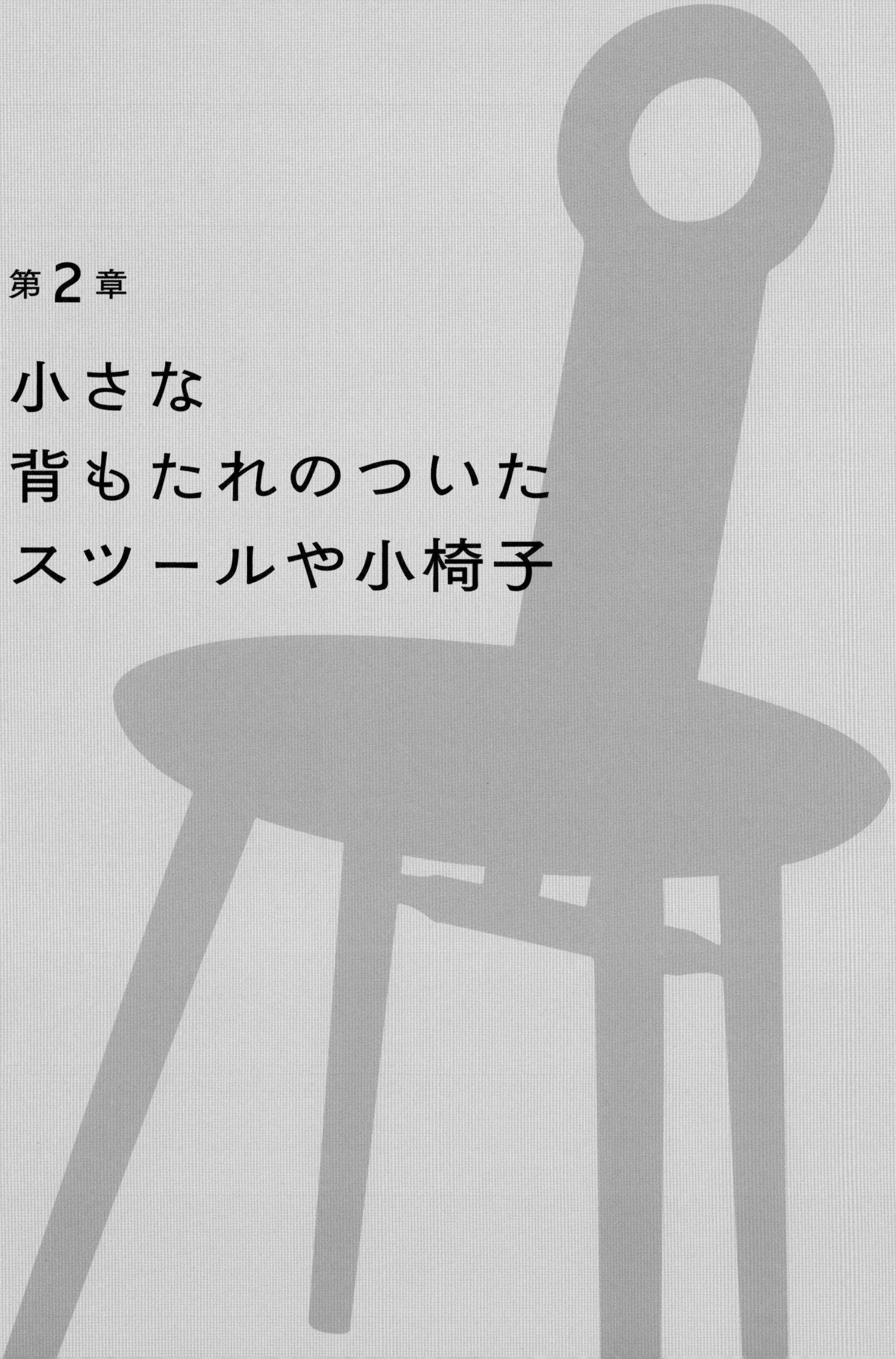

シェーカーの椅子の部材を、さらに削ぎ落としてスリムに仕上げた

宇納正幸の「CUEスツール」

Unoh Masayuki

シンプルで、軽くて機能的。シェーカー家具といえば、これらの言葉がまず浮かんでくる。18世紀後半にイギリスからアメリカ東海岸に渡ったシェーカー教徒たちが作り出した椅子やテーブルには、質素倹約を信条とする考え方やライフスタイルが形になって表れている。日本でも根強い人

宇納正幸（うのう まさゆき）

1960年、京都市生まれ。嵯峨美術短期大学インテリアデザイン科卒業後、アリスファームでシェーカー家具の製作に携わる。86年、独立し京都に工房開設。現在、主にシェーカー家具製作を行っている。

CUEスツール。幅38㌢×奥行34㌢×座高42㌢。メープル（カエデ）材。弓道の弓、ビリヤードのキューをイメージしてCUEと名付けた。カエデは弾力性があるので、キューやわずかではあるが弓の素材として使われてきた。

気がある。国内でシェーカー家具を製作する第一人者である宇納さんは、シェーカースタイルの椅子よりも部材をさらに細くした「COCICA（コシカ）」シリーズの椅子を作り始めた。「ちょっと腰掛ける椅子」という意味を込めてネーミングした。

「シェーカーはできるだけ材を削ぎ落として家具を作っていました。でも、まだもっと細くできるのではと取り組んでみたのです」

シェーカーの考え方を基に、COCICAシリーズで最初に作った椅子は「CUE（キュー）チェア」。座面から背もたれまでの高さは16・5㌢。ちょうど腰の下部に背もたれが当たる。そこから発展させたのが「CUEスツール」だ。座から背もたれの高さはわずか7㌢で、座るとお尻の上の方に当たる。

「普段、当たることのないところに材が当たるでしょ。これがあるとないとでは、座った時の楽さが違ってくる。持ち運ぶ時にも重宝します」

日ごろ、エンフィールドタイプやレバノンタイプといった古くからあるシェーカースタイルの椅子を手掛けている宇納さんにとって、新鮮に思えたという。

「座面は混紡テープの手編みですが、木材は旋盤加工するので生産性が高い。プロダクト的で、モダンなものを作ったなという気になりました」

材には、硬いけれども弾力性のあるメープル（カエデ）を用いた。重さ2㌔ほどの軽さだが、丈夫で扱いやすい、子どもから高齢者までに座ってもらいたい腰掛けである。

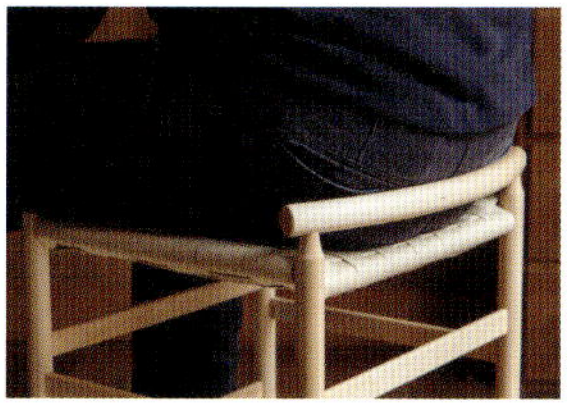
CUEスツールの背もたれは、お尻の上部に当たって気持ちよい。

CUEチェア（左）とCUEスツール。

シェーカータイプのハイスツールなど、宇納さん作のスツール各種。

シェーカー家具を作り続けている宇納正幸さん。

背もたれと座の間は、ちょうど指が入る程度の隙間が開いている。軽くて持ち運びしやすい。

背もたれの材は、5枚のメープル材を曲げてから貼り合わせている。

自分の中で形を見つけ納得し完成度を高めて世に出した

高橋三太郎のKAMUI、MOON、MUSE

Takahashi Santaro

シャープなラインと柔らかなアールから構成された背もたれに、くりくりしたまん丸目玉が二つ。エッジの効いた造作なのに、ユーモラスな雰囲気が漂ってくる。

「元々は、北海道の公共施設のロビーに置く長さ1・8㍍のベンチ。座の高さや予算が決められていてね。その制約の中で北海道らしいものをというリクエストがあったんで、フクロウをモチーフにしてデザインしてみた。その後、家庭でも使えるスツールに発展させていった。背は飾りのようなんだけど、お尻をきっちりサポートしてくれる」

たしかに、背とお尻とが気持ちよくフィットする。小さな背があることによって姿勢を保つのが楽になり、格段に座りやすさのレベルがアップしているだろう。この「KAMUI」は、高橋三太郎さんの定番スツールとなっている。

座をテープで編みこんだ「MOON」は、ライブハウスに納めた椅子が原点だ。

「設計事務所から片付けやすいスタッキングできる椅子という要望があって。それをアレンジしていった。このように、何か人から頼まれたり、ある条件を与えられたりしながらデザインし、それをまたバリエーションを広げていって新しい形にして

ずらっと並んだ高橋三太郎さんの椅子やスツール。
後方に見える(壁ぎわ)椅子は、デニス・ヤングさんの作品。

高橋三太郎(たかはし さんたろう)
1949年、愛知県生まれ。北海道大学中退。82年、家具工房SANTAROを札幌で設立。2000年、第2回暮らしの中の木の椅子展優秀賞受賞。03年、現代の木工家具展(東京国立近代美術館工芸館)に出品。15年、「高橋三太郎展 放浪する木工家とそのカタチ」開催(北海道立近代美術館)。

KAMUIに座ると、お尻とフクロウをモチーフした背がぴったりフィットする。

KAMUI。35㌢×35㌢×背の高さ55.5㌢。座高40㌢。

いくことがよくある。まあ、その都度その都度、そのものに力があるか、きれいなのかと、自分の中で形を見つけて納得した後に、定番となるような完成度まで高めて世に出す。こんな気持ちでいつもやってるんだ」

「MUSE《ミューズ》」というギリシア神話の女神たちの名前から命名した椅子は、ロシアで音楽を学んできた女性アコーディオン奏者の演奏用として手掛けたものだ（女神MUSEは、音楽や文芸などの芸術を司る）。体を激しく動かしながらの演奏に耐えうる頑丈なものを作ってほしいと、インテリアショップ経由で注文がきた。

「今までにないタイプのスツールだったんで、かなり悩んだ。構想してから完成まで、3カ月くらいかかってる。彼女がロシアに住んでたということもあって、ちょっとロシアっぽくアバンギャルドな要素も加えながらシャープさと安定感を出してみた。背板は、しゃくって薄く見せながらもボリューム感がある。前脚は開けて、逆に後ろは背からテーパーをかけていった（すぼめていった）」

演奏前、ステージの上に

MUSE。材はウォルナット。22センチ×30センチ×背の高さ57センチ。座高40センチ。
文中で紹介しているアコーディオン奏者に製作したオリジナル作品は、座高60センチのハイスツール。本体の材がナラで、座は赤みの強いパドックを使用した。

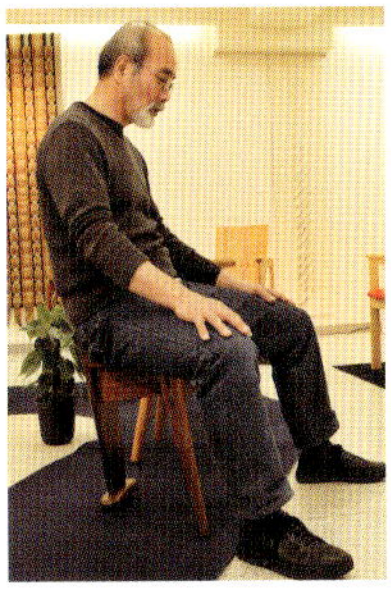

体を揺らしながらMUSEに座る高橋三太郎さん。

MOON。36センチ×37センチ×背の高さ53センチ。座高39センチ。

「MUSE」をぽんと置いておく。そこにスポットライトが当たっている。座に用いたパドック材の赤みが鮮やかさを放つ。観客たちは何が始まるのだろうと期待感が高まる。そこに演者が登場して座ってみると、椅子は主張せず演者を引き立てる…。三太郎さんは、このような情景を浮かべながら試行錯誤を重ねていたのだろう。

「デザインの学校には通ってないから独学みたいなものだけど、僕は僕なりに好きなもの、納得するものをデザインして形にしてきた。数を作っているうちに自分らしさが出てくる。10本くらい並べて、初めて何となくあの人らしいねっていうものが現れてくる。たくさん作っていくとある方法をつかんで、またそれを越えていくと本質をつかむ。そのつかみとったものの蓄積がオリジナリティーなんだ」と力強く語る三太郎さん。30年以上にわたるキャリアを持つ作り手の言葉には、ずっしりとした説得力がある。

井崎正治（いざき まさはる）
1948年、愛知県生まれ。木工ろくろの技術を主とする工房で修業した後、23歳で独立し、愛知県蒲郡市に工房塩津村を設立。現在、家具製作から住宅設計や木彫に至るまで幅広く活動する。

30数年前から マイナーチェンジを 重ねながら 作り続けている

井崎正治の「フライパンチェア」

Izaki Masaharu

フライパンチェアに座る井崎さん。

ネーミングはそのものズバリのフライパンチェア。最初に作ったのは30数年も前のことだ。

「喫茶店用にと椅子を頼まれたんです。6坪の狭い店なので、じゃまにならず、掃除する時にも片付けやすくてという要望があってね。オーナーがフライパンを使った料理が得意なんで、何となく単純にフライパンをイメージしてやってみた」

それ以来、今も注文が舞い込んでくる。座ってみるとナラの背板がしなって、背中の当たり加減がいい。シンプルなフォルムや持ち運びやすさなども相まって、人気が続いているのだろう。

「まだ20代半ばで、そんなにたくさんの家具を作っていないころでした。元々、ろくろ仕事をしていたので、座も脚もろくろを使って加工できる椅子ということでやってみた。注文が入って作るたびに、なんか手を加えてマイナーチェンジをしてきた」

初期作品と最新作を並べてみた。何となく雰囲気が違う。新作は、背の上部にあけられた穴が大きくなって持ちやすくなっている。旧作の座は削り込んであるが、新作はフラットな面に。

「こう比較すると、昔の形のほうが全体的にゆったりして見える。最近のは柔らかさがないな。形を削いで整理していくと、こういうことが起こるんですね。反省しないと」

井崎さんは、これから作ってみたいものとして「腰掛けてみたくなる椅子」を挙げた。

「椅子っていうのは、一つ一つのパーツに細工を加えていくとうるさくなる。でも、作り手としては納得がいって達成感を得る。でもそういうことではなく、腰掛けてみたくなる椅子は、デザイン的に小ぎれいでなくても、いい意味での無駄があってもいいのではないかな。ポイントは、形なのか素材なのか組み合わせなのか。機能本位にして装飾要素が加わってないものの中から、おもしろいのができるのではないかとも思ったりする」

新旧のフライパンチェアを眺めつつ自省していた井崎さん。40数年ものキャリアを持ってしても椅子づくりは悩ましいのだろうか。

フライパンチェア。左が新作。座の直径40㌢。背の高さ75㌢、座高40㌢。右は30年以上前に作った旧作。座の直径39㌢。背の高さ75.5㌢、座高38㌢。ともに材はナラ。

新作の座はフラット。

後脚と笠木のバランスのよさがきれいなプロポーションを生み出す

山元博基の「NAGY・09-ANN」

Yamamoto Hiroki

山元博基（やまもと ひろき）

1950年、北海道生まれ。多摩美術大学立体デザイン科卒業後、収納家具メーカーで家具を製作。79年、デザイン事務所勤務。83年、ゲンデザイン事務所設立。「暮らしの中の木の椅子展」では、第3回、第5回に入賞。その他、コンペで入選入賞多数。

「NAGY・09-ANN」。左は座高42㌢。右は座高40㌢。

山元さんは根っからの椅子好きだ。10歳のころには、もう椅子を作っていた。

「ちゃぶ台の生活だったから、椅子に憧れがあってね。工事現場にあった端材を集めてきてノコギリで切れ目を入れ、マサカリで斫《はつ》って作ったんです」

美大でインテリアデザインの勉強をしていた2年生の時、たまたま雑誌で見たのがハンス・ウェグナーのブルホーンチェア。笠木を後脚だけで支える、二点支持構造の椅子だ。

「ショックだったなあ。椅子でこんな表現ができるなら、自分もやってみたいと思うようになって、それからは椅子のことばかり考えてた」

ウェグナーは、職人から家具デザイナーの道へと進んでいる。「ウェグナーの人生をトレースするのもいいかなあ」と思い、卒業後は家具メーカーに就職した。そこは椅子ではなくタンスなどの箱物中心の会社だったが、製作現場の経験を積むために2年間勤めた。その後、家具デザイナーとして多忙な日々を送ることになる。バブル絶頂期は休みなしで働き続けた。

「バブルが下火になってきた

「NAGY・09-ANN」に座る山元さん。

後脚と笠木の位置のバランスは、図面段階で試行錯誤しながら詰めていく。

座の裏から。

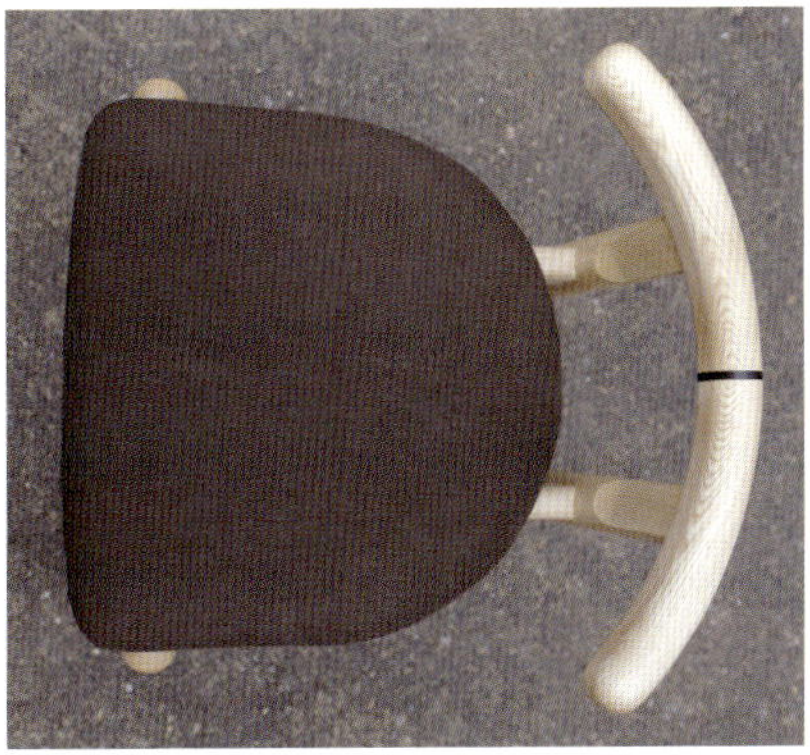

真上から。

お子様用という意味で名付けたOKOシリーズの小椅子。材は、チークとウェンジ。座はペーパーコード編み。

KRシリーズの小椅子。

ころ、ふと考えてみると、自分で納得のいく作品は何も残していないということに気づいたんです。それから、自分で作ってコンペに出すようになった」

　デザインができる作り手。自分で作れる家具デザイナー。これは、大きな強みとなる。コンペに出展するたびに、入選入賞をかさねていった。

　「椅子のデザインでは、後ろ姿から考え始める。以前教えていた木工の学校では、生徒にイメージスケッチを後ろから描かせた。前からやると後ろがいい加減になって、楽屋裏みたいな感じになる。もちろん、道具としての椅子は座りやすいことが前提です」

　山元さんは図面至上主義者でもある。

　「図面の段階で、もやもやした気持ちをクリアにしていく。まず叩き台の図面を描いて、一晩置いてみて、気になるところを手直しする。またちょっとの

間、ほったらかしとくと欠点が見えてくる。自分の感覚の中で、もやもやがなくなるときれいな形になっている。作り出したら何も考えません。図面通りに仕上げるだけ。出来上がって少し違和感があれば、また直す。この繰り返し。コンペ入賞作でも、後で少しずつ微調整しています」

最近、微調整しながら完成度を高めてきたのが「NAGY・09-ANN」という小椅子。「スツールは背がないから、長い時間は座ってられない。そこでスツールにちょっと背をつけてみた。これだと長く座れる」。ウェグナーの椅子を彷彿させる山元さんらしいデザインだ。

山元さんはウェグナーだけではなく、超軽量椅子「スーパーレジェーラ」をデザインしたジオ・ポンティも敬愛している。彫刻家のジャコメッティも大好き。

「以前、友人から言われたんですよ。山元の椅子は、ウェグナーとジオ・ポンティを足して2で割ったような感じだなと。これは本望です。この二人を目指してやってきたんですから。椅子が好きなのは、道具としてだけではなく彫刻的な要素があるから。学生のころ、特に浪人生の時代は絵や彫刻を見る生活だったので、彫刻というものが自然と体の中に入り込んでいるんです」

数十年も椅子と関わってきたが、全く飽きないという。そんな山元さんに、理想の椅子は何かと問うてみた。答は単純明快だった。「シンプルな普通の椅子。こてこてしない普通の道具がいいんだ」と。

マホガニー材で作った小椅子。

木工作家や職人がつくった

背のついたスツールや小椅子

▲
グリーンウッドワーク協会メンバーが
クリの生木からつくったダイニング用チェア

アンモニア着色した後にクルミ油で仕上げた。座はペーパーコード編みで、38㌢(前幅)×30㌢(奥行)×32㌢(後ろ幅)。背の高さ74㌢。座高52㌢。

▶
山極博史の
「カーブチェアd」

材はチェリー。座は、41㌢(前幅)×36㌢(奥行)×36㌢(後ろ幅)。背の高さ52㌢。座高41㌢。

◀▲

池田三四郎プロデュースの小椅子

松本民芸家具の創始者・池田三四郎（1909～1999年）と交流のあった、「イタリア料理みたにに」（長野県松本市）の三谷憲雄オーナーが所有。材はニセアカシア。

▶

傍島浩美のスツール

材はクリ。座は、41㌢×41㌢。座高（大）55㌢、（小）42㌢。背もたれの高さ12㌢。

つくってみませんか 2

学校椅子タイプのホゾ組み小椅子

by 山元博基

シンプルな学校椅子を、しっかりホゾ組みしてつくります。子どもだけではなく、大人も座れる強度を持たせた小椅子です。家具デザイナーであり製作者でもある山元博基さん(p60)は、「この椅子ができれば、たいていの椅子はつくれる」と話しています。墨付けとホゾ加工などに気をつけながらトライしてみましょう。

学校椅子タイプのホゾ組み小椅子　30センチ×32.1センチ×背の高さ46.7センチ。座高28センチ。

材料

エゾマツ材
〔背板用〕(300ミリ×90ミリ×24ミリ)×1
〔座板用〕(300ミリ×90ミリ×24ミリ)×3
〔横幕板用〕(275ミリ×60ミリ×24ミリ)×2
〔後脚用〕(450ミリ×45ミリ×30ミリ)×2
〔前脚用〕(256ミリ×45ミリ×30ミリ)×2
〔前貫用〕(264ミリ×45ミリ×24ミリ)×1
丸棒(1センチ径)×1
＊エゾマツ材(アカマツやパインでも可)は、910ミリ×90ミリ×24ミリの材2枚と910ミリ×45ミリ×30ミリの材2枚をホームセンターなどで購入(1820ミリ材を各1枚購入してもいい)。木取り図(p154)を基にカットサービスしてもらうとよい。

道具

電動ドライバー
電動ドリル
ドリルスタンド
鉋
ノコギリ
玄能
細ノミ
平ノミ
金ヤスリ
千枚通し
ノギス
罫引き
さしがね(かね尺)
はたがね
クランプ
プラスドライバー
ネジ
えんぴつ
消しゴム
両面テープ
ガムテープ
木工用ボンド
使い古したカード
1円玉(8枚)
ビニール手袋
ボロぞうきん
サンドペーパー(#120、#180)
塗料(オスモ3101)
はけ

つくり方

＊p154・155参照

部材に墨付けをする

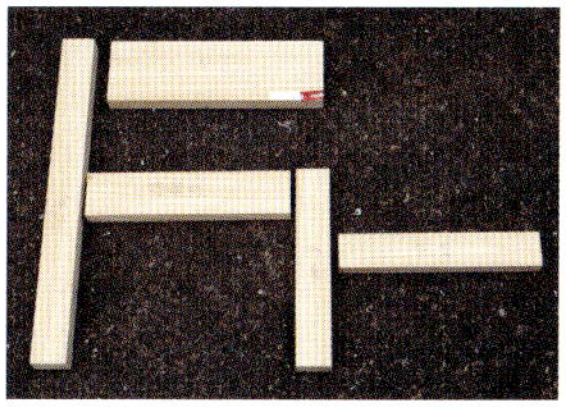

1 各部材を並べて完成のイメージをつかむ。写真の右の材は前貫用。上の材は座板と背板用。

2 加工図（p154）にしたがって墨付けをする。さしがね、使いふるしたカードなどを利用しながら。後脚の上部につけるアールは1円玉を利用。罫引きがあれば、平行線を引く時に重宝する。「墨付けが一番時間かかる」と山元さん。

3 座板と背板のネジ留め位置には、千枚通しでマークする。後でドリル加工する際に作業が楽になる。

各部材の加工
（ホゾ穴を彫るなど）

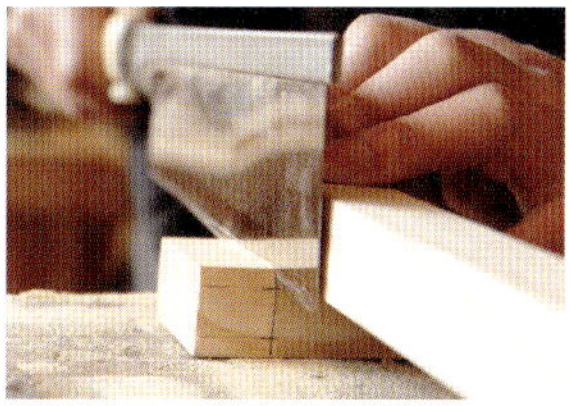

4 前貫と横幕板のホゾ加工。端材（両面テープで固定させておく）を板に墨付けした線に合わせ、ノコギリで切れ目を入れる。

5 材をクランプで固定し、叩きノミで真横から削る。ノミを手で押しながら平らにしていく。「少し削りすぎてもいい。埋めればいいというくらいの気持ちでやる」。後でホゾ穴と組む時に、すり合わせながら調整すればいい。

前貫（上）と横幕板が、ひとまず出来上がり。

6 後脚の木取り。上部を斜めに切り（端材を当てながら）、切った面を鉋で平らにする。上部先端を丸くするにはノコギリで角を切り、ノミと金ヤスリかサンドペーパーで削って仕上げる。
＊斜め切りが難しそうな場合は、部材カットの時にホームセンターでここまで切ってもらう。鉋の使用が難しければ、サンドペーパーで磨く。

7 前脚と後脚のホゾ穴をあける。ドリルスタンドにセットした電動ドリル（12.7ミリ角ノミ）を使う。材の幅の真ん中にドリルの中心がくるように合わせる。まずは端材でテストしてから作業した方がいい。

8 ホゾの深さの寸法になるようにドリル位置を調整。少しずつ材を移動させてホゾ穴をあけていく。ノギスで深さを確認。

前脚（下）と後脚（上）のホゾ穴あけが、一応出来上がり。

9 座板のネジ穴をあける。電動ドリル（9.5ミリ径）で深さ10ミリの穴を1枚につき4カ所あける。その後に、3〜4ミリ径ドリルでネジ用の穴を貫通させる。

仮組みをする

10 ホゾとホゾ穴の調整。ノミでホゾの面取りをする。ざっくりでいい。穴の中をノミできれいにする。特に角を。

11 部材を組んでも入らない時は、ノミで削って調整する。ホゾ内側にえんぴつで墨付けしてからホゾをはめ込むと、えんぴつの墨跡がホゾにつく。その墨の部分を削るといい。

12　組む際には玄能で叩きながら（端材を緩衝材にする）はめ込むが、材が割れないように注意する。特に、前脚と横幕板の接合は慎重に。カードを使って直角の確認も。「組み上げる時は楽しいよね」と山元さん。

13　仮組みしてから一度全部ばらし（玄能で軽く叩いたりしながら）、サンドペーパーで面取りをする。

フレームを組み立てる

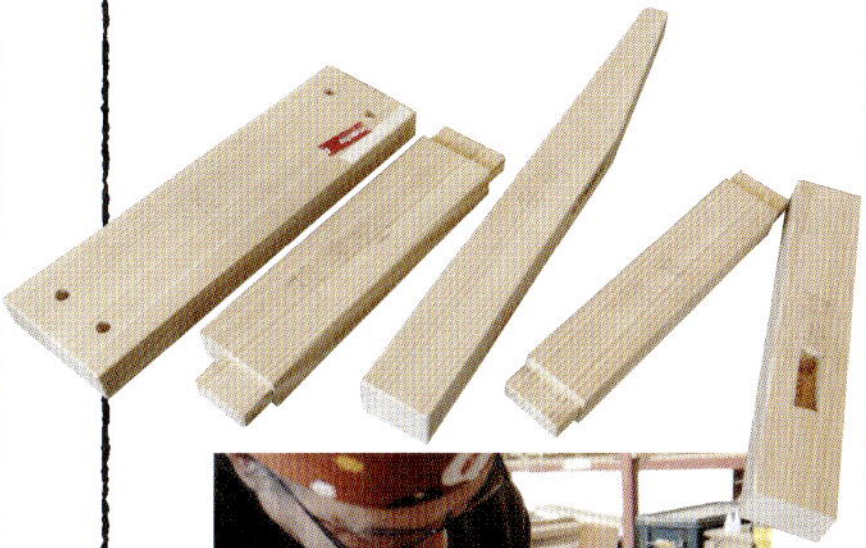

14　脚、横幕板、前貫を接合。ホゾとホゾ穴に木工用ボンドを塗った後に組み立てる。上の部材は、左から、座板、横幕板、後脚、前貫、前脚。

15　直角を確認しながら、はたがねで留める。その際、脚とはたがねの間に端材をかましておく。

16　ボンドの乾燥後に塗装。「オスモ3101」を2回塗る。塗った後は布で拭き取る。これでフレーム部分が完成。同時に背板と座板も塗装する。

座と背板をフレームに取り付ける

17　座板1枚を後脚に密着させて固定。電動ドリル（3ミリ径）で横幕板に下穴をあけてからネジ（32ミリ）留めする。

18 背板を後脚に取り付ける。固定した座板の上に座板1枚を立てて、上辺の左右に1円玉を4枚ずつ乗せる。その上に背板を置き、下穴をあけてからネジ留め。

19 座板の残り2枚を取り付ける。座板の間には1円玉2枚ずつはさみ、下穴をあけてからネジ留め。固定した後に1円玉を取る。

20 ネジ穴を丸棒で埋め木する。丸棒（10ミリ径）を長さ10ミリに切って、片方をサンドペーパーで面取りしておく。穴に木工用ボンドを塗ってから、丸棒を玄能で叩いて入れる。

ここがポイント

ホゾ組みは無理やり押し込まない

一 ネジ留めの際には、こまめに下穴をあけておく。その方が作業は楽で、材が割れにくくなる。特に、後脚の上部は細くなっているので、ネジ留めに注意すること。

二 ホゾ組み作業は力任せにしない。特に前脚のホゾ穴は要注意。材に割れが入った時は、流動性の高い瞬間接着剤で補修するとよい。

三 道具は工夫しながら使ってみよう。例えば、古くなったプラスチック製カード。これに細い角材を両面テープで貼り付けるとスコヤ（直角定規）になる。ドリルスタンドは、持っていると大変重宝する。フリーハンドでは垂直の穴をあけづらいので。

四 「絵に描いたものはつくれるんだ」という気持ちで取り組む。好きな人のためにつくるという気持ちでやってみる。

完成

21 座に入りきらなかった丸棒の頭をノコギリで切る。古い葉書などを座面に当てながら。その後に平ノミで平らにし、サンドペーパー（#120、#180）で磨いて仕上げる。

22 埋め木の頭に塗料を塗る。

つくってみませんか3

3歳の息子のためにつくる小椅子

～自分で加工した刃物で削り出し～

by 井崎正治

自分で加工した豆鉋を使いながら、脚や笠木を削って小椅子をつくります。孝太朗くん（3歳）の父親である竹下孝則さんが、我が子のために椅子づくりに取り組んだ様子を紹介します。

豆鉋での部材の削り出し、ホゾ組み、楔打ちなどの工程を経て、孝太朗くんお気に入りの椅子に仕上がりました。指導役は木工作家の井崎正治さん（p58）です。

小椅子 32㌢×28㌢×背の高さ37㌢。座高21㌢。

使い古された金ノコ

刃を約5㌢に切断し、面を研ぐ。
＊鋼材屋さんで交渉すれば手に入る。できれば、短くカットしてもらい刃を研いでもらうこともお願いする。

椅子の材料

クルミ材
〔座板用〕(320～330㍉×280～290㍉×32㍉)×1
〔笠木用〕(250～260㍉×50～60㍉×20～25㍉)×1
〔脚用〕(220～230㍉×30㍉×30㍉)×4

サクラ材
〔背棒用〕(165㍉×13㍉×13㍉)×5

ナラ、イタヤカエデなどの堅い材
〔楔用〕(幅25㍉前後、長さ120㍉以上、厚さ3～5㍉)×1

豆鉋の材料

堅い広葉樹材(ナラ、タモ、カシなど)
①(110㍉×20㍉×23㍉)×1
②(110㍉×7㍉×23㍉)×2
ネジ(40㍉)×2
使い古された金ノコの刃(約5㌢)
写真は右から、110㍉×34㍉×23㍉の材、それを①②に切った状態、鉋の部材に加工、平豆鉋、反り豆鉋。下は、使い古された金ノコ。
＊材は、大体これくらいの寸法であればよい。

道具

ノコギリ
玄能
ノミ
切り出しナイフ
豆鉋(自作したもの)
反り鉋
プラスドライバー
電動ドリル
クランプ
万力
さしがね(かね尺)
留め定規
アール定規
木工用ボンド
布
丸棒
えんぴつ

＊p153参照 つくり方

➊ 豆鉋をつくる

1 鉋台となる材に墨付け（p153）。留め定規で45度の線を引き、端材などを当てながらノコギリで切る。ネジ穴に印をつける。

2 側板に刃をはめこむ切れ目を、角度に合わせて入れる。刃の厚さより少し狭く。接着面に木工用ボンドを塗ってから組み立て、ネジで留める。

3 刃先の向きを確認し、刃を台に入れ込む。豆鉋が完成。

➊ 小椅子の各部材を加工

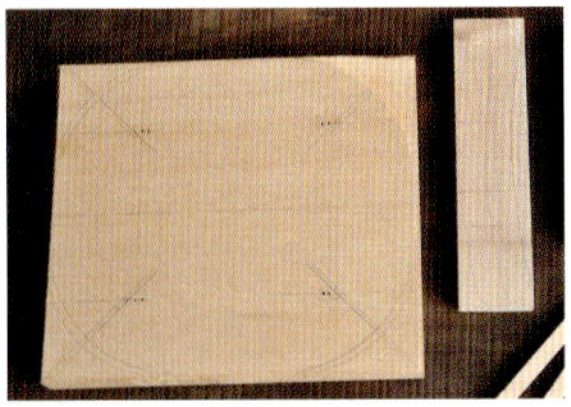

4 図面（p153）を参考にして材に墨付け。

5 座板に脚を入れる角度の付いたホゾ穴をあける。75度の角度に切った材に端材を合わせた治具に、ドリル（26㍉径）を沿わせながら貫通させる。

6 座板に背棒を入れるホゾ穴をドリル（13㍉径）であける。貫通させてはいけないので、先端が15㍉ほど出るようにした端材をドリルにかぶせて使う。同様に笠木のホゾ穴もあける。
＊座板と笠木を重ねてクランプで押さえ、まとめてドリルで穴をあける方法もある。

7 座板の角をノコギリで切り落とす。

8 座面表側を叩きノミで削る。作業中の竹下さん（左）とアドバイスする井崎さん。

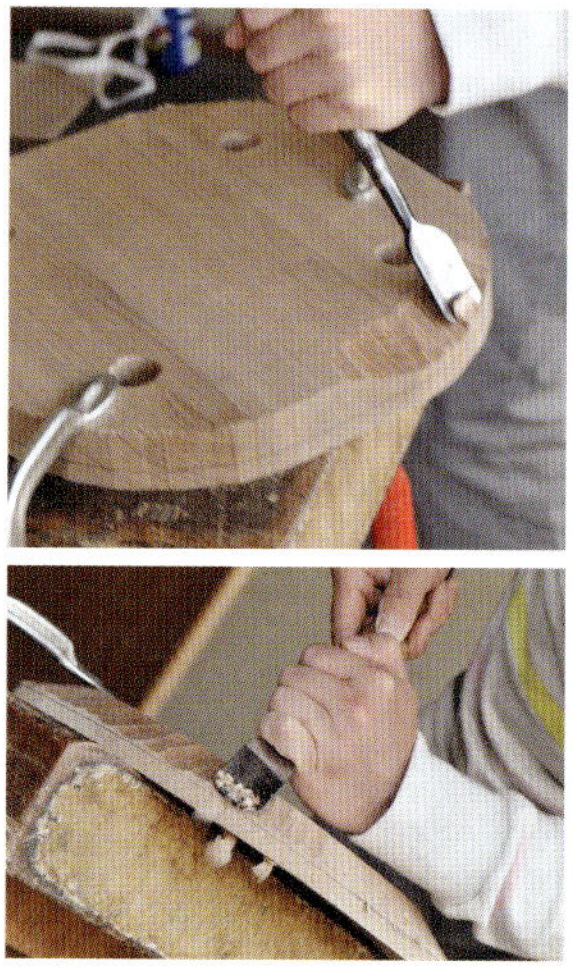

9 座面裏側の周囲を削り落とす目安を書いてから、叩きノミで削っていく。山になっている削り跡を突きノミで落とす。

10 自作の豆鉋で座面の周りを面取り。

11 脚の加工へ。上部（座面側）の楔用の溝部分を墨付け（p153）。

12 楔の割れ止め用の穴（「突（づ）き」と呼ぶ）をドリル（4ミリ径）で貫通させる。ノコギリで楔用の溝を入れる（突きまで）。

13 豆鉋で脚の角を落としていく。その際、下の写真のような治具を使うと作業しやすい。

14 脚の木口にコンパスで円を描く（上部は22ミリ径、下部の地面側は25ミリ径）。豆鉋で脚の側面を削り丸くしていく。

15 ある程度削れたら、上部木口から12ミリの位置に軽く切れ目を入れる。切れ目から木口に向かって、ナイフでホゾを削っていく（えんぴつ削りの感覚で）。時々、ホゾ穴に当てて確かめながら。最後は先端の面取りをして、脚は一応完成。

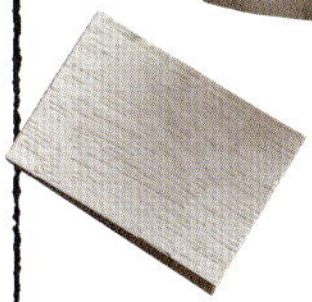

16 楔をつくる。材から長さ30ミリの楔を4枚とる。1枚ごとに先端を尖らせるようにナイフで削ってから切る。「ナイフは斜めに、すうっと滑らせる。刃を流す」（井崎さん）。

17 背棒の加工。豆鉋で材の角を削り丸くする。

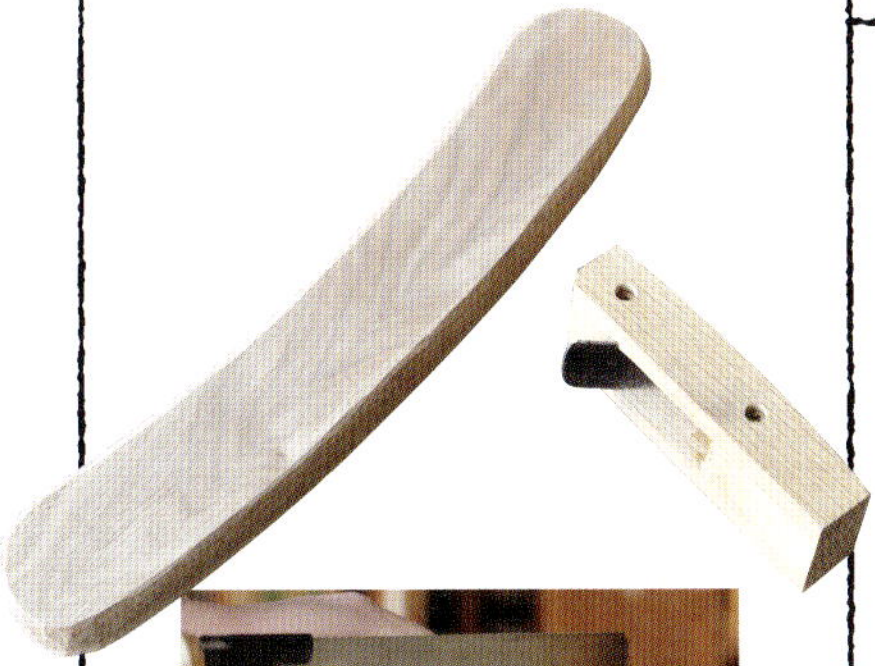

18 笠木の加工。アールを削り出すために、数カ所ほど材にノコギリで切れ目を入れる。切れ目を目安としながら叩きノミで削り、豆鉋で仕上げていく。

組み立てる

19 各部材を合わせて仮組みする。

20 仮組みをばらし、接合部に木工用ボンドを塗り組み立てていく。まず、脚を座にはめ込む。座の木目と楔が交差する（ほぼ直角になる）ようにして脚の向きを決める。最後は玄能で叩いて入れる。

21 脚の頭に、木工用ボンドを塗った楔を入れる。慎重に玄能で叩きながら。「玄能を叩いて響く音が、コツコツからガンガンガンになるくらいのところで止める」（竹下さん）。

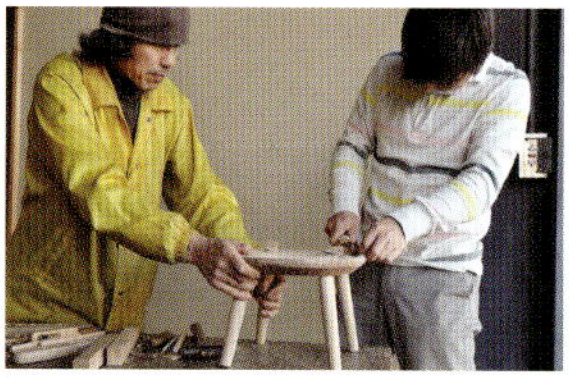

22 座面に飛び出ている脚の頭を切り落とす。座面上に古い葉書などを敷いておく。

23 切り落とした木口面を水で濡らしてから、座面と合わせるようにノミで平らにする（ツラを合わせる）。

24 ガラスなどの水平面に置き、がたつきをチェックし脚の長さを調整。えんぴつで印をつけてからノコギリで切り落とす。

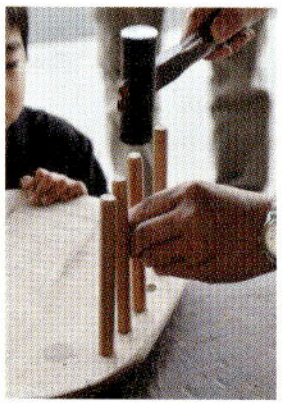

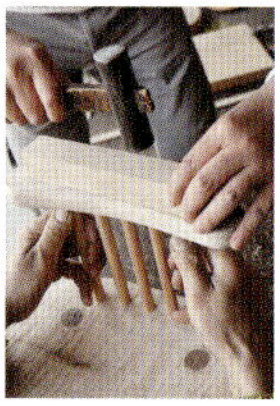

25 背棒を座板と笠木に組み入れる。接合部に木工用ボンドを塗っておく。最後に、脚の裏を面取りする。

ここがポイント

脚のホゾをきちっと合わせて、きちっと打ち込む

一　腰掛ける道具なので、脚のホゾをきちっと組むことが一番大事。難易度は高いけれど、ここさえしっかりやっておけば、あとは何とかなる。

二　脚を四方転び（脚が四方に傾斜）にしておくと安定性がよくなる。座に対しての脚の角度は、多少そろっていなくても最終的に調整すればいい。意外と目分量でやっても、けっこう収まる。

三　叩きノミは、玄能によって打たれた力で削る。鉋は、少し向きを斜めにして逆目に気をつけながら削る。

完成　孝太朗くんもご満悦。

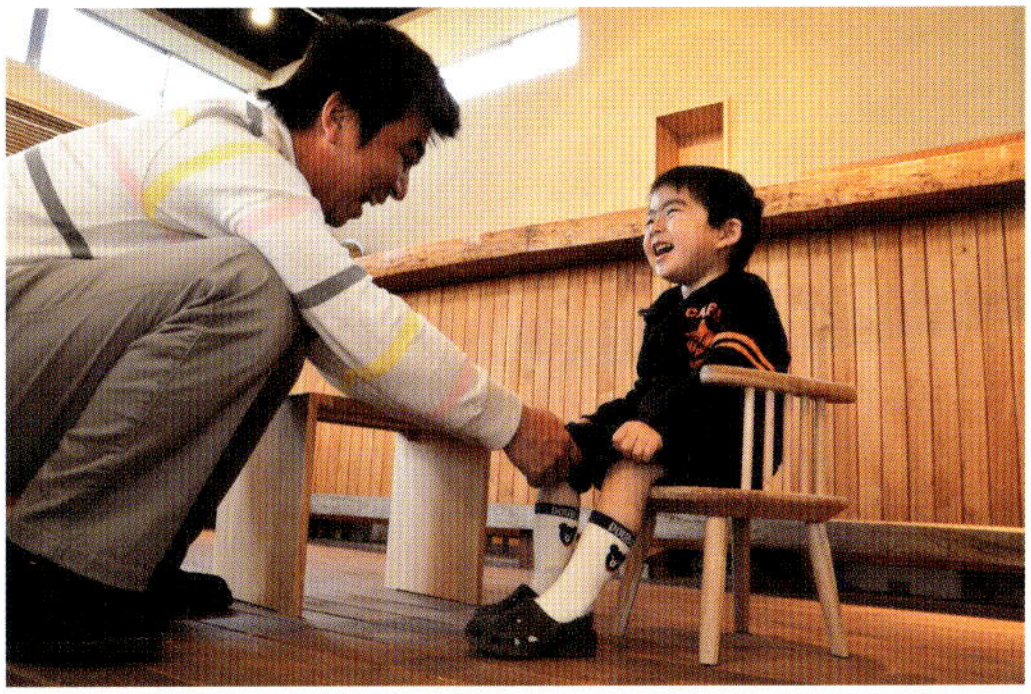

つくり終えての感想

製作者の竹下さん

自作の鉋がこんなに削れるとは…

孝太朗も手伝ってくれて、いい経験になりました。この椅子をずっと使ってほしいですね。妻にも自慢できます。

苦労したのは、鉋掛けで逆目が出てくる時。きれいにしようと思うと余計に力が入ってしまった。でも、やってるうちにコツがわかってくる。どの工程でも要領をつかめたと思った時には、次の作業に移っていますが…。脚の1本目をホゾ組みする時は難しかったのですが、4本目の時には慣れていました。

新しい発見だったのは、鉋は買うものだと思っていたのに、自分で作れてそれもよく削れるということ。おもしろかったですね。

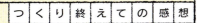

第3章

素材に、鉄、竹、スギ間伐材。軽い、揺れる、組み立てる…。ユニークなスツールたち

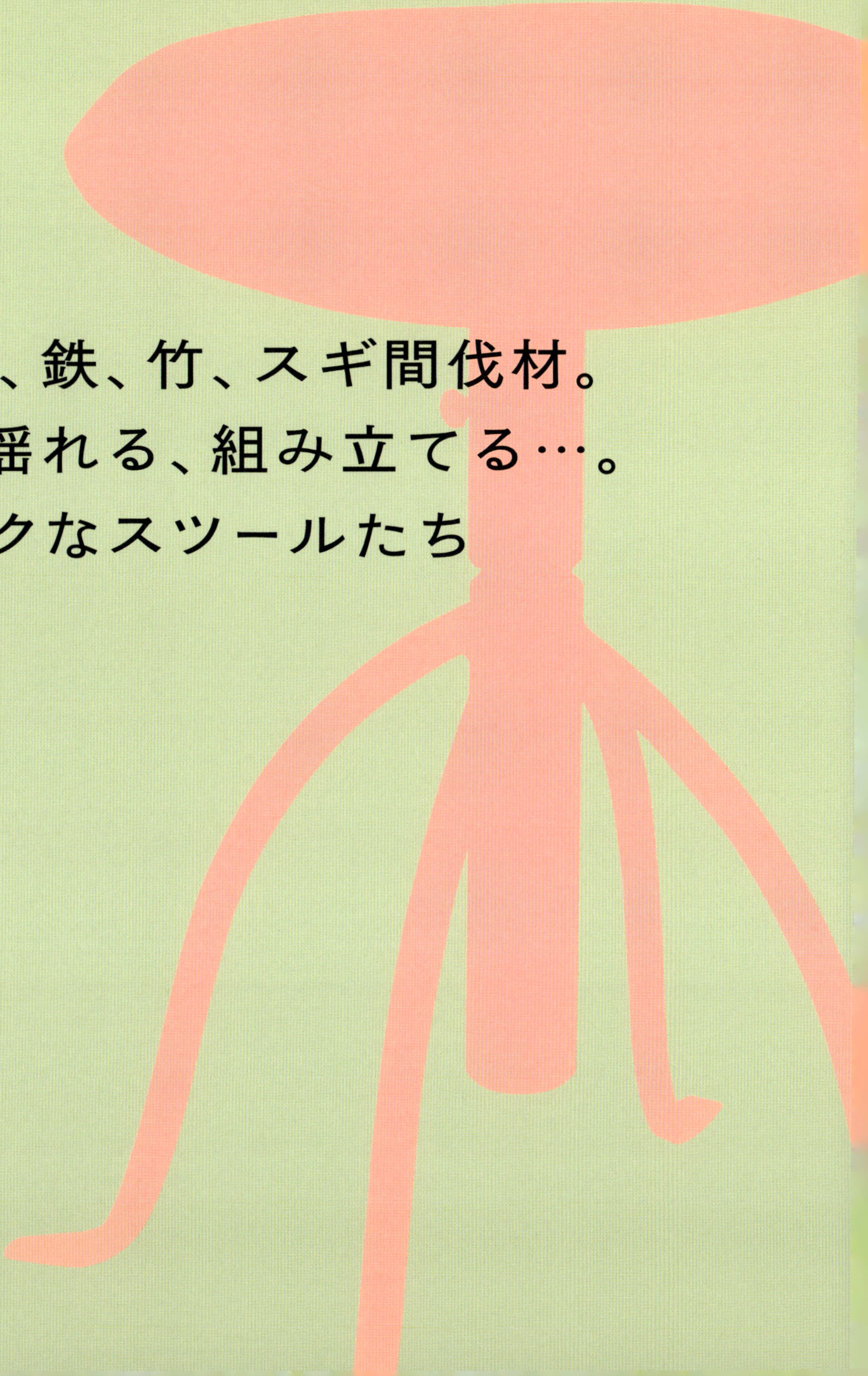

小沼智靖さんの「回転椅子」座面（p94）。
スギ間伐材を組み合わせている。

左から、黄檗彩色漆小椅子（4本脚、高さ42㌢）、黄檗の面取りスツール（4本脚、高さ42㌢）、黄檗の面取りスツール（3本脚、高さ35㌢）、黄檗彩色漆小椅子（3本脚、高さ35㌢）、ハイスツール（高さ60㌢）。座面の直径は、どれも32㌢。

鉄と黄檗《きはだ》を現代的センスで組み合わせた

深見昌記の「彩色漆小椅子」

Fukami Masaki

深見昌記（ふかみ まさき）

1977年、愛知県生まれ。関西外国語大学卒業。商社に勤務後、東三河高等技術専門校で木工を学ぶ。修了後、葬具店で祭壇などを製作。2004年、前田木藝工房で前田純一氏に師事。07年に独立し、名古屋に深見木藝を設立。

鉋の削り跡を残した黄檗《きはだ》の木座に、渋みのある鉄製の脚。座の側面にはカラフルな色漆が施されている。異素材を組み合わせた「彩色漆小椅子」のフォルムと構造から、作り手である深見さんのセンスのよさが感じ取れる。

「機能と見た目の美しさを兼ね備えたいと思ってます。全体的にはシンプルだけど、ワンポイントでどこかに遊びを入れる。でも、やりすぎない」

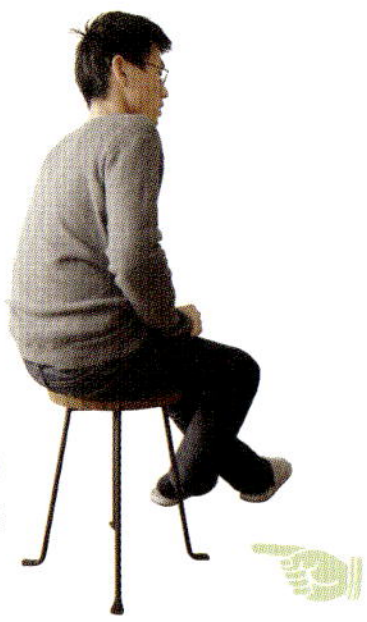

黄檗の面取りスツールに座る深見さん

ST-Stool。座の高さ35㌢。アルミのサイドテーブルの高さ56㌢。

ST-Stoolに座る深見さん。鍛造アルミのサイドテーブルの上で書き物をしたり、肘をついたり、背にしたり。いろいろな使い方ができる。

座面には手鉋の削り跡を残している。

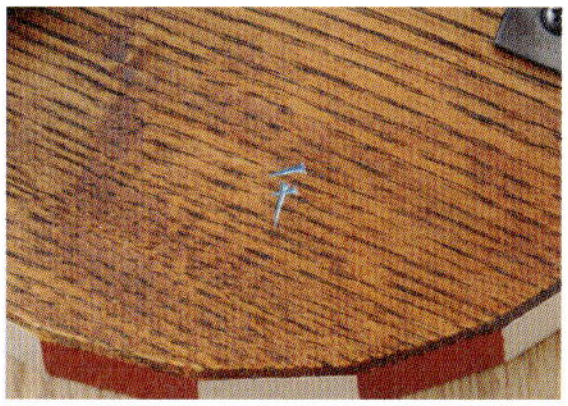

座の裏に刻まれた深見さんの銘。

スツールの脚にする鉄を加工中。

鉄には、ある細工が施されている。高温に熱した鉄に、絹製の古着を焼き付けているのだ。

「熱しているところに古着を近づけると、ジューっていう感じでどろどろに溶けていく。仕上がりはマットな感じになります」

　このやり方は、3年半師事した木工芸家・前田純一さんから学んだ。サラリーマン生活をしていた深見さんは、「このまま会社勤めしていくのかな。あんまり向いてないなあ」と思い、技術を身につけようと会社を辞め、技術専門校で木工を学ぶ。葬具店で働いた後、江戸指物師の家系を引く前田純一さんに弟子入りした。

「伝統工芸に興味を持っていたので。修業はきびしかったけど、この間にいろんなことを学びました。技術的には、手仕事で仕上げるということ。機械ではなく鉋で仕上げる」

　住み込みだったので、暮らし方を大切にする師匠との日々の生活から得るものも多かった。「ものを大切にする」という考え方も身に付いていった。知らず知らずのうちに、体で感じとっていったのだろう。

「先生の作品がお手本として目の前にある。その作品づくりのお手伝いをすることで、必然的にきれいなものというのがわかるようになっていった」

　用いる素材は、木や鉄以外にも、アルミ、銅、真ちゅうなども取り入れている。指物や漆の伝統的な技術を踏まえながら現代に通用する深見作品を見ていると、ものづくりの新しい可能性を感じさせてくれる。

しなやかで丈夫な竹の特長を生かしながら超軽量に仕上げた森明宏の「桜竹籐スツール」

Mori Akihiro

重さは約800グラム。小指でも持ち上げられる。その軽さの秘密は素材にある。脚は竹、座面は籐、座のフレームはサクラを用いた。もちろん、人が座るという機能も十分に備え持つ。

「教えに行っている大学に太い竹が生えている林があって、そこから自分で孟宗竹を伐ってきました。節間が30センチくらいあるのを」

第49回日本クラフト展で招待審査員賞を受賞した「桜竹籐《おうちくとう》スツール」。以前、森さんが製作

森明宏（もり あきひろ）
1962年、岐阜県生まれ。静岡大学工学部情報工学科卒業。会社勤務を経て、木工作家の井崎正治氏に師事。97年に独立。2010年、第49回日本クラフト展招待審査員賞受賞。名古屋造形芸術大学非常勤講師。

「桜竹籐スツール」は、小指で持ち上げることができる。

した「フラワースツール」に発想のベースがある。脚の材はサクラやウォルナット、座はタモなどで組み上げていた。

「フラワースツールの脚を竹でやってみようと思って。竹を三つに割って節のところで留めるようにして。竹は折れそうで折れない。しなっても耐えてくれる。座には、一枚板を使うと加重がかかるので軽い籐編みにしてみました」

竹の脚に目を奪われがちだが、森さんがけっこう苦労したのは座の枠。

「最初は直線の平面四角形にしていたのですが、脚と枠の接合がうまくいかない。ということでアールのついた四角形に改良して。楕円球面で四角を書くと、こんな形になる」

森さんは工学部出身で、理系の頭で計算しながら家具などを作り出す。3本の脚が交錯する「トリポード」というスツールでは、サイン・コサイン・タンジェントなどの計算式を用いて角度をきっちり出していった。

「あんまり人が作ってないもの、真似ができないようなものを作りたい。金属、ガラスなどの素材も利用したい。木は好きだけど、木のイメージに固執しすぎたくはないんです。竹は素材としての可能性を感じてます」

竹は毎年毎年どんどん生えてきて豊富にある。魅力的な資源だ。今後も何か使えないかと理系の思考回路で考え始めているところだ。

「桜竹籐スツール」。30.5×40×高さ39㌢。

「桜竹籐スツール」の部材。

竹をバーナーであぶる。竹の脂分が出てつやが出る。竹についている虫を除去する効果も。

座と脚は、三本に割いた竹の先を丸ほぞに加工してサクラ材の枠にはめこんだ。

真横から見た「トリポード」。

「トリポード」。材はタモ。高さ41㌢。

「桜竹籐スツール」に座る森さん。

「フラワースツール」。座はタモ、脚はウォルナット。高さ42㌢。

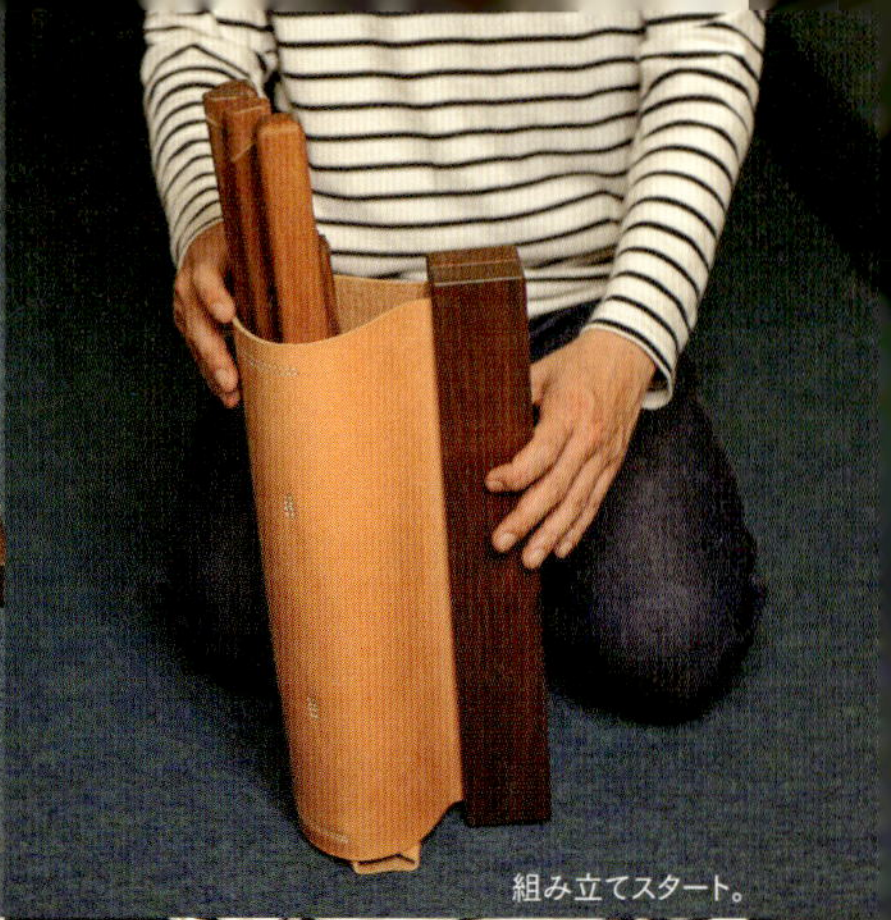
組み立てスタート。

袋を開く。

脚を組む。

貫を入れる。

脚と貫をネジで締める。

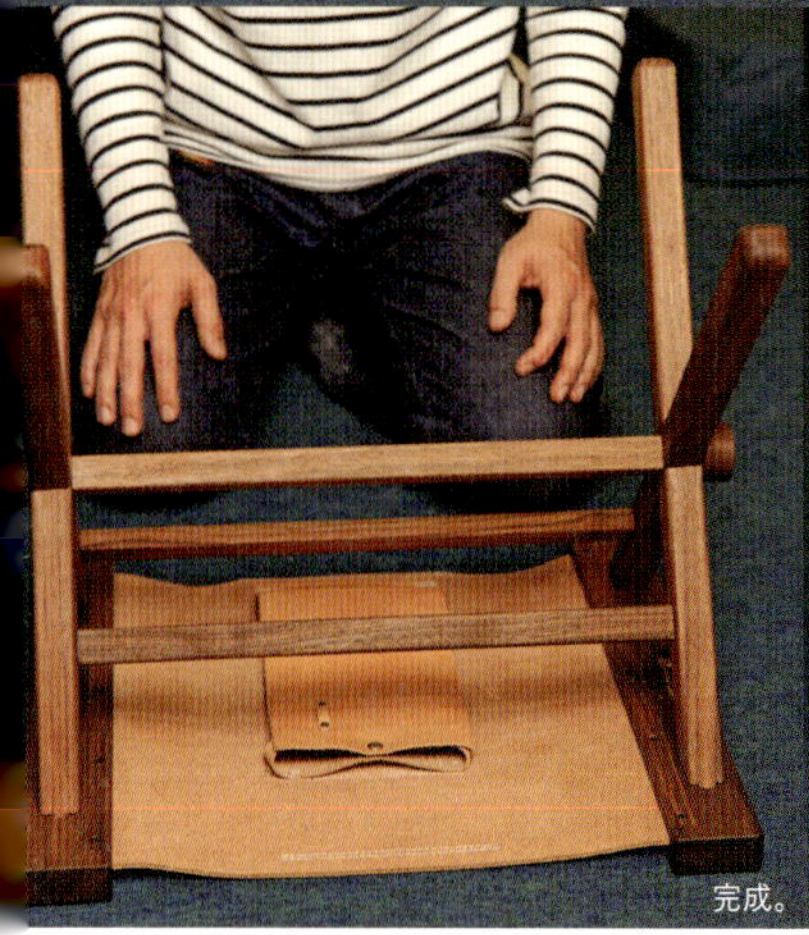
完成。

収納時は インテリアの アクセントにも。 革座の組み立て式 スツール

秋友政宗の「プルマ・ボルサ」

Akitomo Masamune

秋友政宗（あきとも まさむね）

1976年、福井県生まれ。広島県で育つ。大阪府立大学卒業。郵便局勤務後、広島県立福山高等技術専門校インテリアクラフト科修了。匠工芸などで家具製作に携わった後、2008年、独立。工房「リャマファクトリー」設立。

「プルマ・ボルサ」に座る秋友さん。革座は弾力性があるので座り心地いい。横方向に少し揺らぎがあるが、前後には揺れない。

「プルマ・ボルサ」。フレーム材はウォルナット。座高46㌢。座面は51㌢×41.5㌢。

スツールとして使わない時は、革座に包んで部屋の片隅に置いておける。

「アトリエで絵筆を無造作に包んで置いてあるイメージなんです」

秋友さんが名付けた「プルマ・ボルサ（Pluma Bolsa）」は、スペイン語で「筆袋」という意味。折りたたまれたスツールの脚が革袋からちょこっと顔を出している様子は、まさに筆袋を彷彿とさせる。

「日本の狭い住宅では、スツールはけっこう置き場に困るなと思ってた。普段はどこかに収めといて、必要な時だけに座れるものができないかと考えた。使わない時は、部屋のインテリアの一部にしておきたいとも」

座は弾力性のある滑革《ぬめかわ》を選んだ。知り合いの革作家・尾崎美穂さんの協力を得ながら仕上げていった。

「木だけで出せる表現力っていうのは、一様になりがちなところがある。木以外の素材を入れることで存在感が出てきます。革の感触は好きだし、木と同じ自然のものなので使ってみました。高級感も出したかった」

構造とバランスについては考え抜いたが精密な図面を描くのではなく、頭の中のイメージをウォルナット材でいきなり組み立てた。何度もやり直しながら完成にこぎつける。

「基本的にはシンプルなもので長く使ってもらえて飽きのこないものを作りたい。でも、それだけでは満足してません。どこかに遊びを入れたい。一つの遊びがアクセントとなって、それが取っ掛かりとなって愛着に変わり、満足感へと高まっていくような。このスツールなら、組み立てるおもしろさや収納時にインテリアにもなるということですかね」

大学で経済学を学び郵便局に就職するが、自分の仕事を形として残したいという思いから木工の道へ入った。北海道の匠工芸での勤務時代、技術はもちろん「いいものをつくる姿勢とノウハウ」を学んだという。シンプルで、強度があって、きれいに収めるなどの命題をクリアして生まれた「プルマ・ボルサ」。たしかに、実用性と雰囲気のよさを兼ね備えた「いいもの」に仕上がった。

黒漆のスツール。2015年、第89回国展入選作品。天板の直径59㌢。高さ35㌢。

松本行史（まつもと たかし）

1974年、大阪府生まれ。アパレル会社に勤務後、長野県上松技術専門校で木工の基礎を学ぶ。2003年、指物工房矢澤にて矢澤金太郎氏に師事。06年に独立し、松本家具研究所を設立。09年、第83回国展工芸部奨励賞受賞。13年、第87回国展会友賞受賞。

石の塊やアフリカの椅子からイメージした

松本行史の「黒漆のスツール」

Matsumoto Takashi

日頃は、定番の椅子「Aチェア」や「スティックチェア」、丸テーブル、指物を施した食器棚などを拭き漆仕上げで作り出す松本さん。お客さんの要望に応じながら、クルミ材で家具を仕上げることが多い。しかし、年1回開催される公募展の国展には、毎回、通常の仕事とはやや異なる趣の作品を出展する。

「自由に発想しながら、やったことのないこと、自分のやりたいものなどに取り組んで出展しています」

その中から生まれたのが「黒漆のスツール」。ここ数年、国展には「黒漆のスツール」をシリーズ化して出展し入選を重ねている。

「審査の先生方からいろいろ批評もされますが、この路線は続けていきたいです」

いわゆる細い脚というものが見当たらない。木の塊と思しきものが、でんと構えている。そもそもの発想は、積層合板を使うと、どのような形の椅子ができるかというところからスタートした。

「どんな作品が生まれるんだろうかと、考えるのが楽しくて。2017年の出展作品は、アフリカの土着の椅子からイメージしています。あの自由さが自分にも表現できるんだと思いました」

たしかに、アフリカのダン族やドゴン族が使っていたスツールに通じるものがある。チャールズ&レイ・イームズ夫妻がデザインした、ウォルナット・スツールも連想させる。

2015年の出展作品は、まず大きい形が思い浮かんで、石をイメージした作品に仕上げた。座の表面は緩やかに盛り上がったカーブを描いている。わずかな盛り上がりがあることによって、座り心地がよくなっている。座面直径は59㌢。大きめのサイズなので、2、3人同時に座れそうだ。合板を貼り合わせたものを削り出してから組み合わせた。黒漆を塗って仕上げることにより、存在感を高めている。

これからも発表されるであろう「黒漆のスツール」作品が待ち遠しい。

黒漆のスツール。2017年、第91回国展入選作品。座の直径33㌢、高さ41㌢。

レコード椅子。LPレコードが収納できる。側板の中央に丸いガラスをはめている。ガラス作家・石川昌浩さんとのコラボレーション作品。

（左）定番作品の一つ、三足スツール。座の直径30㎝、高さ41㌢。（右）ミニスツール。座面19㌢×13㌢。座高25㌢。

Aチェア。材はクルミ。拭き漆仕上げ。幅45㌢×奥行48㌢×高さ75㌢。座高41㌢。

黒漆のスツールに座る松本さん。

狭いスペースで使うのに重宝する、シカ革とヒノキを組み合わせた坂本茂の「ドラヤキスツール」

Sakamoto Shigeru

その名はドラヤキスツール。座を眺めてみると、まさにぴったりのネーミングだ。

「キッチンのような狭いスペースで、ちょこっと座ってもらえるように作ってみました。初めはキッチンスツールの名で発表したのですが、いつの間にかドラヤキスツールと呼ばれるようになって…」

日本固有の木でスツールが作れないかと思ったのが、発想のスタートだった。間伐材の活用という観点から、スギとヒノキを候補に選んだ。

「以前、ヒノキの木肌が美しく表現された木彫作品を美術館で見て印象に残っていたのです。ヒノキは曲面に削るときれいなんだと。扱いやすさという点からもヒノキを選びました」

次に考えたのが、座面の素材だった。ヒノキを使うなら、日

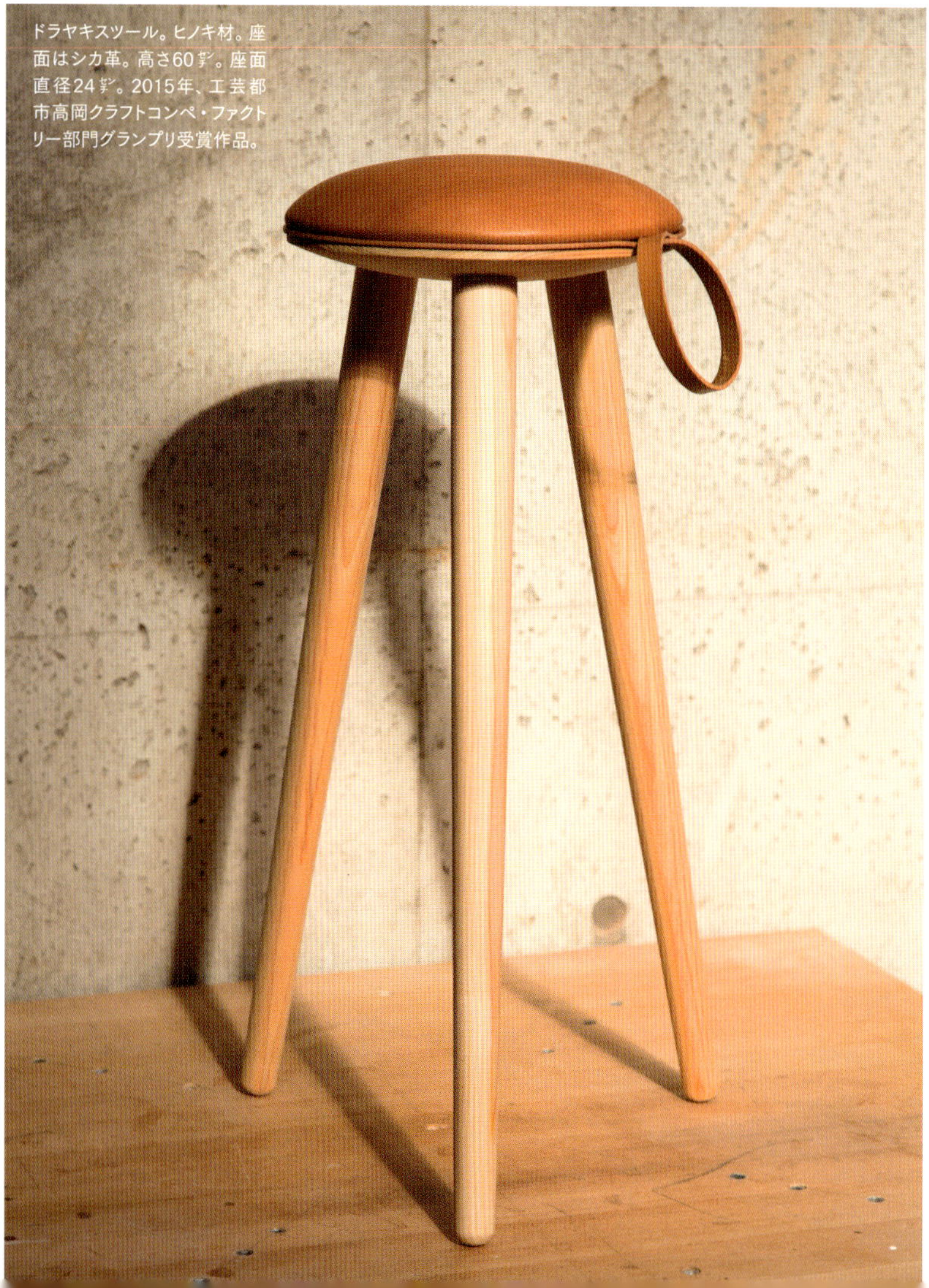

ドラヤキスツール。ヒノキ材。座面はシカ革。高さ60㌢。座面直径24㌢。2015年、工芸都市高岡クラフトコンペ・ファクトリー部門グランプリ受賞作品。

坂本茂（さかもと しげる）
1961年、長野県生まれ。五反田製作所に勤務後、91年にディー・サイン（現、カール・ハンセン＆サン ジャパン）入社。Yチェアなどの販促・商品管理などに携わる。2014年、独立。1998年、第1回「暮らしの中の木の椅子展」最優秀賞。2015年、工芸都市高岡クラフトコンペでファクトリークラフト部門グランプリ受賞。共著に『Yチェアの秘密』。

本古来の素材がいいのではとシカ革を用いることを思いつく。調べてみると、現在、シカ肉は食用に使われることが多くなってきているが、皮をなめして革としての利用が数少ないということがわかった。

「シカ革は強靭なので、昔はかなり使われていたようです。戦国時代の兜《かぶと》はシカ革の紐で結んでいたとか」

大半が廃棄されてしまうシカの皮を活用するためにも、座にはシカ革を使ってみようとの思いがますます募った。そして、シカ革を販売しているところを探し出し、座はシカ革、脚はヒノキという組み合わせのスツールが完成する。ただし、構造面では試行錯誤を重ねた。

「ヒノキは針葉樹なので、柔らかくて脚に使うには強度面で問題がある。そこで、座との接合部は金属製のネジを使うことを考えました」

座面張り替えの際には、座を外さないといけない。その際にねじ込み式なら作業が楽である。座は、硬めのウレタンを入れたクッション部分とベースになる部分の2枚組みにして、脚の付け根とネジでまとめて固定するように工夫した。脚の開き加減と座の裏側のアール面の兼ね合いは何度も試して、倒れないぎりぎりの角度まで持っていった。

完成品は軽くてコンパクト。シカ革の座面の座り心地もいい。坂本さんが思い描いた通りのスツールに仕上がっている。

座の縁周りには、座面よりわずかにはみ出る牛革を巻いて玉縁を施し、倒れた時にヒノキ材が傷まないように工夫している。

ドラヤキスツールの各パーツ。パーツを組み合わせてスツールに仕上げていく。

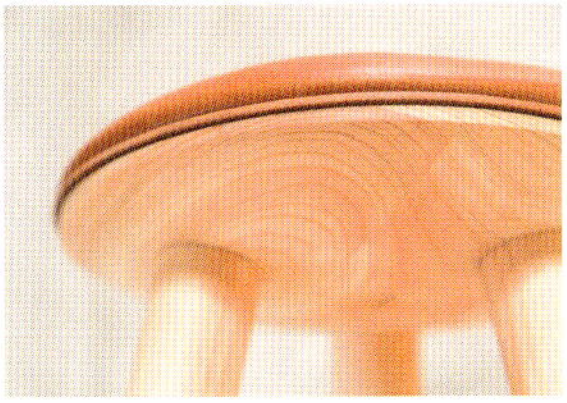
脚と座の裏側のアール面がぴったり収まっている。

2枚合わせの座に脚をねじ込んでいく。

持ち手があるので、持ち運びに便利。壁にも掛けられる。

最後は力いっぱいねじ込む。滑り止めとして、シカ革の端切れを手にあてがうこともある。

シカ革。ホンシュウジカよりもエゾシカの革の方が、少し厚みがある。坂本さんは、主にエゾシカを使用。

茶道具の風炉先屏風から
ヒントを得た、
蝶番に革紐を用いて折り畳める

平山日用品店の「patol stool」

平山和彦（ひらやま かずひこ）

1980年、愛知県生まれ。滋賀県立大学人間文化学部生活文化科卒業。上松技術専門校木工科修了後、（有）京都指物で注文家具や建具などの製作に携わる。2011年に独立し、妻でデザイナーの平山真喜子と平山日用品店をオープン。

＊平山真喜子のプロフィールはp122参照

4 座をかぶせる。

3 脚部を四角に組み立て、最後にカチッと磁石で留める。

2 脚部を開いていく。

1 革紐の留め具をはずす。

7 patol stool（パトルスツール）。30㌢×30㌢×高さ41㌢。脚の厚み1.2㌢。特許出願中（2018年2月現在）。

6 組み立ての最後に、革ベルトをネジにはめ込む。

5 脚部の枠の上に施した小さな突起部を座枠の穴にはめることにより、スツールがきっちりと組み上がる。

スツールを平面上に広げた状態。

折り畳んだ時に自立できる。

蝶番を製作中。革紐を丸穴に通した後にダボを入れる。

平山日用品店は、妻でデザイナーの真喜子さん(左)と木工家の和彦さんの家具ブランド。

畳んだ時の厚みは、約6.5㌢。ちょっとした隙間にも収納できる。

軽くて持ち運びに便利。

「パタパタと折り畳めるような形のものができないかと思って…。問題は、折り畳む時の、繋ぎ目の回転軸をどう処理するかという点でした」

以前、「折り畳み」をテーマにした椅子展の主催者から出展の誘いがあった。開催まで時間はなかったが、平山日用品店の平山和彦さんは、折り畳みの椅子について思案をめぐらした。

「思いついたのが、茶室で使う風炉先屏風《ふろさきびょうぶ》。京都の木工所に勤めていた時に、お客さんから依頼されて作ったことがあったのです。2枚の背の低い屏風を、紐蝶番で繋ぎました。360度の回転もできる。この仕組みを使えばやれるのではないか。5枚のパネルをパタパタと組み立てるスツールができそうだと」

完成までにはいくつもの課題があった。枠を組み合わせる接触面をいかにきれいに収めるか、脚や座をどのようにして留めるのか等々、ひとつひとつ悩みながら解決していった。その際に的を射たアドバイスをしてくれたのが、妻でデザイナーの真喜子さんだった。

「脚を組み立てる際に最後の接合をどうしようかと、いろいろ試していた時に、磁石でいいんじゃないと言ってくれて。板の座面はベタッとして雰囲気がよくないから籐張りにした方がいい、座の留め方はシンプルに革をネジにはめるだけでいけるのではなど、悩んでいる時のアドバイスは助かりました」

蝶番の素材や使用する木材など、材料の選択にも気をつかった。木は軽くて扱いやすく、座面の籐の色合いともマッチするチェリーを用いた。蝶番には、真田紐《さなだひも》ではなく滑革《ぬめがわ》を使っている。

椅子展では、予想以上の反響があった。木工家からも一般のお客さんからも、「構造面での工夫が素晴らしい」「軽くて持ち運びしやすい」「やや弾力性を感じながらも、しっかりした座り心地だ」などの感想が相次いだ。

「角がきれいに収まっているところが気に入ってます。和風の空間にも似合いますが、屋外でのキャンプにも使ってもらいたいです」

パッと折るということからイメージして「patol stool（パトルスツール）」と命名。これからは、この構造をテーブルなどにも活用していきたいそうだ。

画家の感性で アートに仕上げた 小沼智靖のスギ間伐材スツールと、

Konuma Tomoyasu

薄いナラの座と 細身の鉄を組み合わせた 橋本裕のスツール

Hashimoto Yutaka

木工作品というよりもアーティスティックな造形物の印象を受ける小沼さんの椅子。一方、橋本さんの椅子は木工作家がきっちり仕上げたなと思わせる。このように作風が異なり、それぞれが独立して創作活動を行っている二人だが、数年前から「小さい椅子」というプロジェクトを続けている。

「幼稚園から頼まれて初めて子ども椅子を作った時のこと。完成した椅子に座ってみた

回転椅子に座る小沼さん。

橋本裕（はしもと ゆたか）

1963年、兵庫県生まれ。上智大学経済学部卒業。化学メーカー勤務後、米国ノースカロライナ州のヘイウッド・コミュニティカレッジ木工科卒業。帰国後、木工作家・安藤和夫氏に師事。97年、「スタジオユタカ」設立。2004年、「小さい椅子」をスタートさせる。

小沼智靖（こぬま ともやす）

1965年、埼玉県生まれ。東京藝術大学大学院油画専攻修了。画家として活動しながら、30代半ばごろより木工作品づくりに取り組む。2002年、「小沼デザインワークス」設立。

小沼さん作のスツール。スギ間伐材使用。

ら、なんか景色が変わるし、ちっちゃいころを思い出して…。大人が背の低い椅子に座るとおもしろいなあと感じたんです。子ども用ということではなく、だれもが楽しめるクオリティーの高い椅子を作りたいと思った」と話す橋本さんは、小沼さんたちに声をかけ4人のメンバーで活動を始める。数年にわたって、各地で展示会などを開いてきた。

「自由にやることが僕の基本」という小沼さんは、「大人も子どもも座れる椅子」という前提さえクリアすれば、あとは自由にできて楽しめそうだなと思い仲間に加わった。元々は油絵画家である小沼さんは、30代半ばのころから木や漆を用いた作品を作り出してきた。ずっと木工の世界でやってきた作家とは趣の異なる、まさに〝自由〟に彫刻的な要素を加えたオリジナリティーあふれる作品だ。椅子の素材にはスギの細い間伐材を利用する。木口が引っ付くようにずらっと並んで、年輪が渦を巻いているように見える座面。間伐材をこのような姿にして見せる作り手はまずいない。最近、新たに回転椅子を作った。

　橋本さんの新作スツールは、「小さい椅子」メンバーである金属造形作家・柴崎智香さんが鉄製の脚を担当した。「鉋で座のナラを削っている時は気持ちよかった」と橋本さんが言うだけあって、すっきりした座に仕上がり、細身の鉄脚とのバランスもいい。

　二人の新作は、従来の発想にとらわれない自由な感性で作り上げたクオリティの高い「小さい椅子」となっている。

橋本さんの新作スツール。座の材はナラ、脚は鉄製。16〜19㌢×38㌢×高さ36㌢。

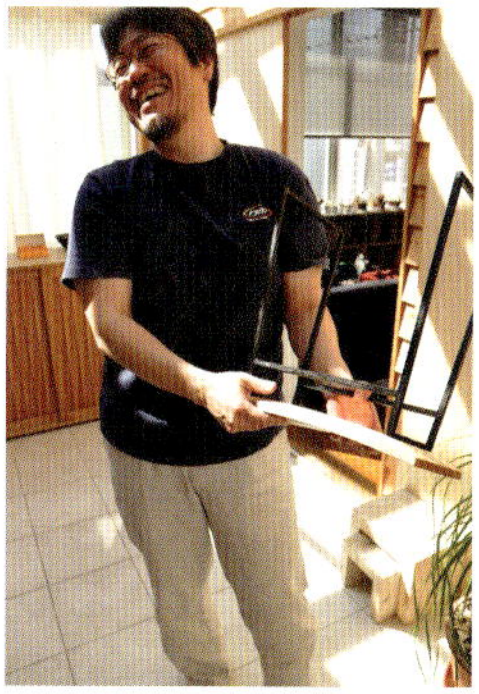
新作スツールを持って、ナラ材を削った感触について話す橋本さん。

小沼さん作の、入れ子式の踏み台。スギ間伐材使用。大は、25㌢×31㌢×高さ25㌢。小の高さは18㌢。

小沼さんの次女・志英瑠さんを囲んでのティータイム。

小沼さんと橋本さんの「小さい椅子」作品たち。

長時間座っても疲れにくいロッキングスツール

八十原誠の「ヤヤコロ」

Yasohara Makoto

八十原誠（やそはら まこと）
1973年、京都府生まれ。仏教大学社会学部卒業後、守口職業技術専門校で木工を学び、樹輪舎で家具製作や銘木販売に携わる。2006年、独立し樹輪舎京都を立ち上げ、注文家具製作及び木材販売を行っている。

「ヤヤコロ」に座る八十原さん。

「ヤヤコロ」の座は、木、布、革などから選べる。脚は鉄。ソリの材は、ナラ、ウォルナットなど。

「友人が座った瞬間に『やや、ころっ?』って一言つぶやいたんです。やや転がるからと。それがそのまま商品名となりました」

八十原誠さんが「ヤヤコロ」を製作したのは、今から10年以上前のこと。自宅で自分が使うためだった。

「畳の上で使えるシンプルな脚の椅子を作りたいと思っていて。畳摺《ず》りをつけるなら、ロッキングできるソリにしようと。構造的にも、加重負担をかけなくするのに有効ですし」

ソリは邪魔にならないように短めにした。あまり丸みをつけすぎるとひっくり返る危険性がある。ということで、わずかなアールをつけたソリにして、やさしく前後に揺れる椅子に仕上がった。

「自分の好きな姿勢に保ちやすくて長時間座っても疲れにくい。パソコンは、これに座って揺られながらやってますね。ミシンを踏む、毛糸を編む、絵を描くなど、お客さんにはいろんな場面で使ってもらっているようです」

坂田卓也（さかた たくや）
1977年、大阪府生まれ。京都市立芸術大学美術学部美術科彫刻専攻卒業。2002年、京都・烏丸の自宅で家具製作を始める。05年、京都・高雄の古民家に工房を移転。15年、京都・伏見に工房を移転。16年、工房に併設したショールームをオープン。

ソリを取り外しできる、座面がゆったり広い

坂田卓也のロッキングスツール

Sakata Takuya

ロッキングスツール。購入したほぼ全員が、パソコンデスク用に使っているそうだ。座面は39センチ×50.5センチ。高さ43～46センチ。

ヨット用の特殊な紐でソリをスツール本体に固定する。

ロッキングスツールにあぐらをかきながら揺られている坂田さん。

芸大では彫刻専攻で現代アート作品に取り組んでいた坂田さん。木工作家となった今、柔軟な発想から家具を作り出している。

「お客さんから畳の部屋で使えるスツールがほしいという注文がきて。畳摺りの椅子はあるけど、ロッキングチェアにしたらおもしろいんちゃうかなと。それも取り外しができたら汎用性もあるなあって」

坂田さんには定番のスツールがある。楕円形のゆるやかなアールがついた座は広めで、ゆったり座れると好評だ。ロッキングタイプでは、定番サイズの座面よりもさらに広くしてみた。

「座の上で、あぐらをかけるようにと思って。ソリをどう固定するかでは苦労しました。紐もいろいろ探して、ようやく見つけたのが丈夫で伸びないヨット用の特殊な紐」

自ら工房の和室で使って、仕事の合い間にリラックス気分を味わう。ゆらゆら揺られる坂田さんは、何とも気持ちよさそうだった。

地元産のスギを使って お年寄りに喜ばれる スツールに仕上げた

和山忠吉の「ネマール」

Wayama Chukichi

見た目以上に、お尻と座面の当たりが気持ちいい。わずかな弾力性も感じとれる。

「元々は建具屋なので、格子やすのこなどの仕事を数多くやってきました。そんなことから、この形状が思い浮かんだんです」と、心地よい東北弁のイントネーションで話す和山さん。試作品が完成した際に、「ちゃんと、ねまれるな」と思わずつぶやいた。「ねまる」とは、東北弁で「座る」という意味。ス

和山忠吉（わやま ちゅうきち）

1958年、岩手県生まれ。二戸専修職業訓練校木工科修了後、平野木工所で建具製作見習い。79年、第25回技能五輪国際大会で技能賞受賞。82年、四ツ家木工所にて修業。83年、独立し「おりつめ木工」開業。2010年、日本クラフト展奨励賞受賞。

土場に山積みされたスギ間伐材。

ツールと「ねまる」を組み合わせて、「ネマール」と命名したのだ。1996年に作品を発表して以来、今までに3000脚以上を一人で作ってきたという定番ヒット商品である。

「最初は風呂用の腰掛けとして作ったんです。高齢者施設の入居者から、プラスチック製は座ると滑りやすいので木製で作れないかという要望があって。すのこ状にしたので水がたまらないし、クッション性も出た。座りやすいように座をへっこめて湾曲させ、立ち上がりやすいように両端には持ち手をつけて。材は水に強い青森ヒバを使ってみた」

座面を高くしたので、腰やひざの悪いお年寄りにも使いやすいと評判になる。その後、材は地元産のスギを用いるようになった。

「若いころから建具でスギを使ってきたのでなじみがあるし、まわりにいっぱい生えていて、間伐材が手に入りやすい。今は、基本的には一寸二分（約36ミリ）角の材を削って作っています。スギは軽いので、高齢者でも楽に持ち運べる」

和山さんは中学卒業後に職

「ネマール」に座ってくつろぐ和山さん。

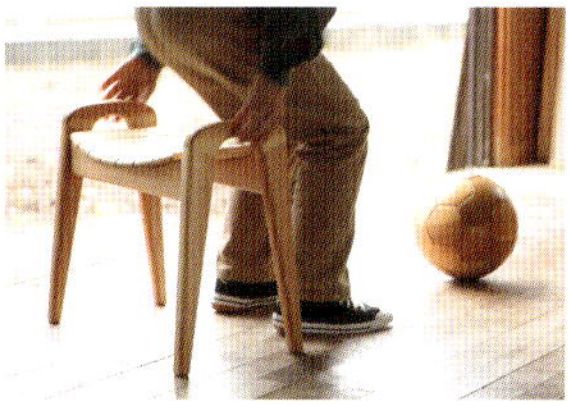

両端の持ち手を支えにして立ち上がりやすい。

「七つ森ベンチ」。長さは125センチと64センチの2タイプ。「もりおか啄木・賢治青春館」に展示したベンチ。宮沢賢治の童話に登場する七つ森の山並みをイメージして命名した。

「ネマール」。座高38センチ。幅53センチ。奥行29.5センチ。重さ約2300グラム。

「七つ森ベンチ」の裏側。

座板と貫を組む。

接着は天然素材であるニカワを使う。

「ちゃっこいネマール」。座高は、21センチ、26センチ、31センチの3種類。「ちゃっこい」は、東北弁で「小さい」の意味。

スギの年輪を数える和山さん。

手でスギの皮を剥ぐ製材所の作業員。

製材された一寸二分角のスギ材。

工房の近くにある、雫石神社の月夜見大杉。高さ約30㍍。樹齢は推定約1300年。

工房に近いスギ林の中を歩く和山さん。

業訓練校で木工を学び職人の道へ入った。技能五輪全国大会の建具部門でトップとなり、国際大会に日本代表として出場する。25歳での独立後は、建具の仕事をこなしながら、お客さんの要望があれば何でも作っていた。タンス、講堂の演台、神社の扁額、そば屋の出前用岡持…。

転機が訪れたのは30歳のころ。グラフィックデザイナーの福田繁雄さんとの出会いだった。小学生のころから高校卒業時まで岩手で暮らしていた福田さんが講師となって、県主催のデザイン勉強会が開かれた。

「福田さんから〝デザイン〟というものを教えてもらいました。作るものの奥行きが広がりましたね。椅子も作り始めたんですが、最初は戸惑いました。建具は平面で考えればいいですが、椅子は3Dみたいなもんで」

30代半ばからは、木製のユニークな作品をコンペに出展するようになる。そして、現在まで日本クラフト展などで入選入賞を重ねてきた。

「オリジナル性のあるものを作る。今までだれも手掛けていないものを作る。特に椅子に関しては、コンパクトで軽く、座高が低めで修理できる低価格なもの。注文製作では、お客さんと納得がゆくまでコミュニケーションをとる」と、いつもこんなことを考えながら製作に取り組んできた。最近特に自分のモットーとしているのは、「材料の上手な使い方が、最高の技術」。これは修業時代の親方がよく口にしていた言葉だ。

「いい木を使っていい作品を作るのは当たり前といえば当たり前。今の時代は地元の山から出る間伐材なども使って、いかに魅力ある作品を生み出すかが大切だと思ってます」

自分のことを「頼まれればどんなものでも短時間に作り修理する、地元密着型の木工何でも屋」だという。東北の山あいで暮らす地域の人から頼りにされる木工職人であり、全国規模のコンペで入賞を果たす木工作家でもあるという、二つの顔を持つ作り手である。

つくってみませんか 4

「つくれる家具」シリーズ スギのスツール

by 賀來寿史

数年前、木工家の賀來寿史さんは、厚み15ミリほどのスギ材（貫板）を使ったダイニングチェアを製作してみました。その作品は、家具には不向きと言われてきたスギ材で作られた、シンプルな構造とデザインの椅子だと評判になります。

ワークショップで一般の方々に作ってもらえるようにと、ダイニングチェアをアレンジしたのが今回紹介する「つくれる家具」シリーズのスツールです。

賀來寿史（かく ひさし）
1968年、大阪府生まれ。神奈川県平塚職業技術校木材工芸コース修了。99年、「木の工房KAKU」開設。家具製作だけではなく、各地での「つくれる家具」ワークショップ開催や、中央工学校OSAKAの講師なども務める。

「つくれる家具」シリーズ スギのスツール　33センチ×36センチ×高さ41.5センチ

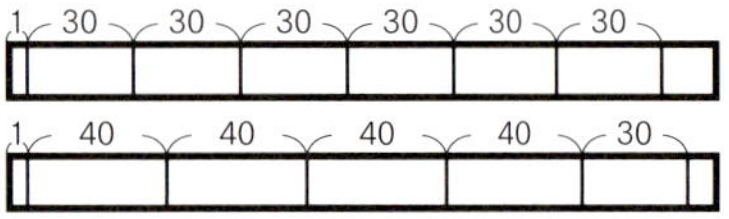

（単位：センチ）

平釘（スパイラル型、32ミリ）

材料

スギ材（2メートル×90ミリ×厚み15ミリ）×2

＊ホームセンターで購入可能な貫板でよい

道具

片刃ノコ（横挽き、265ミリ）
両刃ノコ
玄能
電動ドライバー
木工用ボンド
メジャー
えんぴつ（B）
釘抜き
クランプ
直角定規
当て板
平釘（スパイラル型、32ミリ）
ネジ（細軸のコースレッド、25ミリ）

つくり方

スギ材に墨付けする
（右ページ左下の図のように、材にえんぴつで線を入れる）

1 1枚目の材に30㌢板を6枚とれるように線を引く。材の端から1㌢くらいのところに、直角定規を材に当て、えんぴつで基準線を引く。材の先端を基準としないのは、断面がいびつになっていることが多いので。

2 基準線にメジャーの10㌢目盛りを合わせる（メジャーの先端は金具が付いており、平面上の基準線からは測りにくいので）。10㌢を基点に30㌢プラスした目盛り40㌢に、印を付ける。

3 印の箇所に直角定規を当て、えんぴつ線を引く。

4 上記の要領で、2本の材にえんぴつ線を引いていく。

スギ材を切る

5 材に引いた線の上を、ノコギリで切る（写真では、横挽きの片刃ノコを使用）。3回ほど材の角をノコで押して刃の道筋をつけ、刃の根元部分から、すうっと挽いていく。

6 ノコは力を入れずにふわっとやさしく握る。親指を柄に当て、力を入れるのは親指と小指のみ。半身の姿勢（足を前後に構える）をとる。利き手の反対の手を、切る箇所の近くに置く。線をなぞるように、刃を真っすぐにして挽く。

7 材の残り部分が少なくなってきたら、材の下に当て板を置いて切る。疲れてきたら、手をぶらぶらさせるなどしてリラックスする。

8 長さ30㌢の板を7枚、40㌢の板を4枚切った状態。

脚の部材を切る

9 脚用の40ミリ板4枚を、木表にそろえる（年輪の山側が木表）。

10 短辺の端から35ミリのところに印をつける。反対側も同様に印を付け、えんぴつ線を引く（長い定規がない時は、板を活用する）。

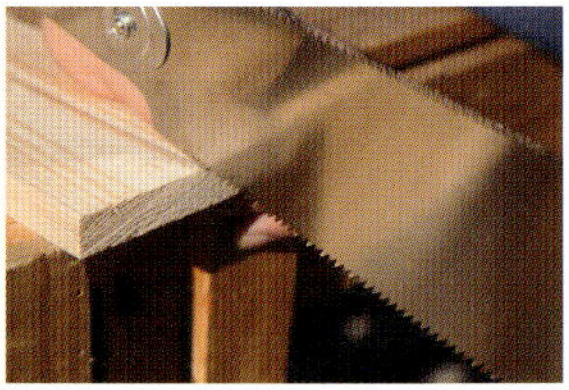

11 両刃ノコの縦挽き刃の方で、線の上から切る。

12 板を適当な台にはさんで固定して切る。クランプで押える方法もある。

13 部材を切り終えた状態。下半分は脚の部材。

座枠を組み立てる

14 座枠を図のように仮組み。見える部分に、きれいな板面を置く。

15 内側の接合部4カ所それぞれに、えんぴつで合い印（1本線、2本線、3本線、4本線）を入れる。

16 板（2枚のみ）の両端の厚み幅15ミリのところに線を引く。15ミリ幅内に、2本ずつ平釘を軽く打つ。板の裏側に、ほんの少しだけ釘先が出る程度で留めておく（21の写真参照）。

17　釘を打っていない材の木口にボンドを塗り、釘打ちした板と組み合わせる。角がずれないように、ぎゅっと押える。

18　玄能の平面で釘を打つ。とどめに、玄能の丸面で打っておく。

19　上記の作業を進め、四角の枠をつくる。最後に3本目の釘を各所に打って補強し、座枠が完成。

脚をつくる

20　脚用の板を並べて、仮組みする。内側の接合部4カ所それぞれに、えんぴつで合い印（1本線、2本線、3本線、4本線）を入れる。

21　板の直角部から延びている長辺から厚み幅（15ミリ）のところに、線を引く。厚み幅内に3本の平釘を仮打ちする。釘先が、ほんの少し裏側を出る程度に。

22　残りの板の直角部から延びている長辺の木端（こば）面に、ボンドを塗る。釘を仮打ちした板と組み合わせ、しっかり釘を打つ。

23　4本の脚が完成。

座枠と脚を合体させる

24　座枠と脚の上部を合わせてみる。写真のように、板の組み合わせが階段状になる。

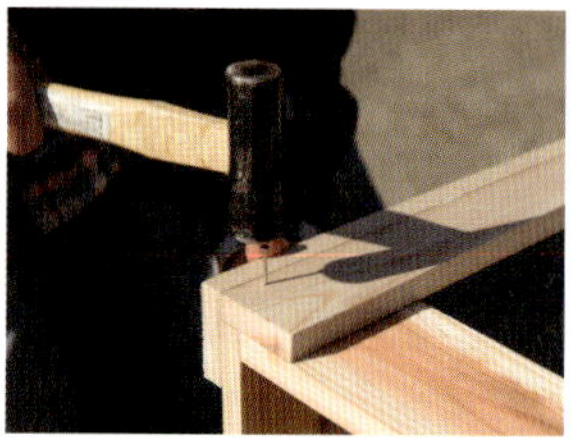

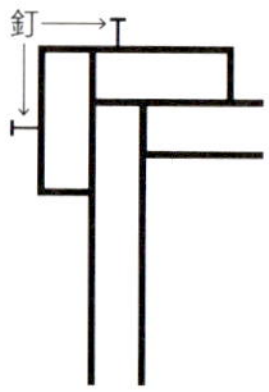

25 塗りしろの目安とする線を引いてから、ボンドを板に塗る。各接合部に平釘を2本ずつ打つ。すでに釘を打った箇所と重ならないように要注意。

26 一応、座枠と脚が合体。

27 接合部に隙間が開くこともあるので、補強のために、電動ドライバーを使ってネジで締める。一つの接合部に3カ所留める。

➊ 座を取り付ける

28 座枠に座板を載せて、えんぴつで印をつける。指が入るくらいの隙間を開ける。

29 座枠上部の板を載せる箇所に、ボンドを塗ってから平釘を2本ずつ打つ。

30 裏側に釘が出ていないかなどを確認。

完 成

道具の使い方ポイント

ノコギリ

- 親指を柄の上に置き、小指で支える。ノコを押す際には親指だけに力を入れる。親指を押えることで、自然と下方に力が入っていく。包丁を使う時の握り方(人差し指を柄に置く)はしないこと。(p103 6 参照)
- 切る時は、半身の姿勢をとる。足を前後に構え、肩幅くらいに開く。
- 両刃ノコには、横挽きと縦挽きの異なった刃が付いている。木材の繊維に対して横に挽く時は横挽き刃、縦に挽く時は縦挽き刃を使用する。

釘、玄能

- 釘打ちの際、恐れずに釘をしっかり手で押える(釘が自立するまで)。
- 玄能(両口玄能)の打面には、平面と丸面とがある。釘の打ち始めは平面で、最後のとどめは丸面で打つ(材に打痕を残さないようにするため)。(p151参照)
- 玄能の柄を短くして持たないこと。先端の鉄の重さを利用して振り下ろす道具なので、短く持つとうまく振り下ろせない。

電動ドリル

- ドリルの先とネジの頭をきっちりと合わせる。始動時、いきなり強く押し込むのではなく、じわっと押していく。
- あらかじめネジを玄能で少し打ち込んでから、電動ドリルを使う方法もある。

直角定規

- 材の上に平らに定規を置いて使うのではない。定規内側の直角部分を、材の角に引っ掛けて使用する。

完成したスツールに座る賀來さん。

スタッキング可能で、収納スペースが狭い場所でも便利。写真は、7脚積み重ねた状態。

軽くて持ち運びしやすい。

ここがポイント

細かいことは気にしなくていい。常に、おおらかな気持ちで

一　基本通りに作業を進めていくのに越したことはないが、切ったところが多少曲がったり、角が欠けたりしても気にしない。おおらかな気持ちで取り組もう。

二　座枠と脚の接合箇所は、角をしっかり合わせる。脚の上部と座枠の上部がそろうように心掛ける。ただし、ちょっとくらいずれても気にしない。

三　道具を正しく使いこなすと、作業がスムーズに進む。〔道具の使い方ポイント〕参照。

つくってみませんか 5

おさんぽ椅子

by 戸田直美

ちょっと近くの公園へお弁当を持って出かけてみようと思った時などに重宝する、組み立て式スツール「おさんぽ椅子」。座は布で、古くなったジーンズ生地などをミシンで縫い合わせます。ホゾ組みなどの加工はなく、3本の脚をひもで結んで固定させます。比較的簡単にできるので、ぜひ製作にトライしてみてください。「お豆スツール」の作者である戸田直美さん（p28）が指導します。

組み立て式布座3本脚の「おさんぽ椅子」

材料

タモ材の丸棒
（28ミリ径×380ミリ）×3
布〔ジーンズのような厚手の布、帆布など〕→以下の寸法がとれる大きさのもの
（一辺300ミリの正三角形）×2
（一辺70ミリの正三角形）×6
厚地用のミシン糸（＃30くらい）
アウトドア用ひも〔細引〕
（5ミリ径×1メートルくらい）

道具

〔布座用〕
ミシン
裁縫セット
型紙（一辺300ミリ正三角形と一辺70ミリ正三角形の厚紙）
水性ペン（または、チャコペン）

〔脚用〕
電動ドライバー（8ミリ径ドリル）
鉋
ノコギリ
玄能
平ノミ
小刀
さしがね
（または、定規）
クランプ
えんぴつ
両面テープ
サンドペーパー
（#150、#240）
塗料（ワトコオイル）
ぼろきれ
軍手

脚をつくる

5 丸棒の真ん中の190ミリのところを定規などで測る。丸棒直径28ミリの中心である14ミリ地点を、スコヤなどで測って印をつける。3本すべてに。

6 ドリル（8ミリ径）で穴をあけて貫通させる。自分の目を信じて、真上から見て真ん中になっていることを確認しながら。丸棒の下には端材を敷いておく。

7 片方の木口に円を描く。縁から3ミリくらいのところにえんぴつの芯を当て、丸棒を回せばよい。

3 Bを2枚重ねてミシンで縫い合わせ、3セットつくる。Aも2枚重ねて縫い合わせる（縁から8ミリほど内側を縫う）。どちらも、最初と最後は返し縫いする。

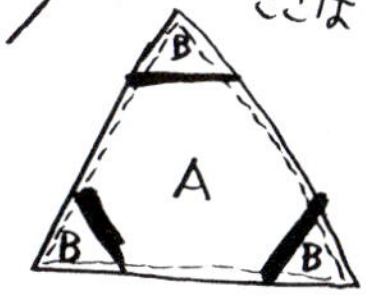

4 Aの3カ所の角にBを乗せて待ち針で留め、重ねミシン（一度縫ったところをもう一度上から縫う）で縫い合わせる。加重のかかるところなので、しっかりと縫う。

布座をつくる

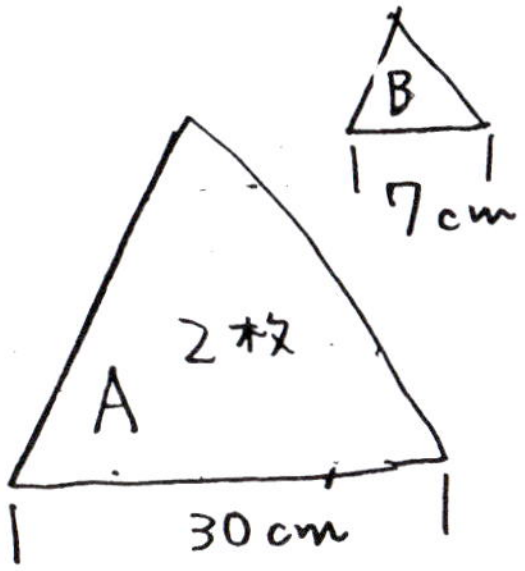

1 ジーンズ生地の上に置いた型紙に沿って、ペンで線を引く。300ミリ正三角形（A）は2枚分、70ミリ正三角形（B）は6枚分。

2 はさみで三角形を切る。

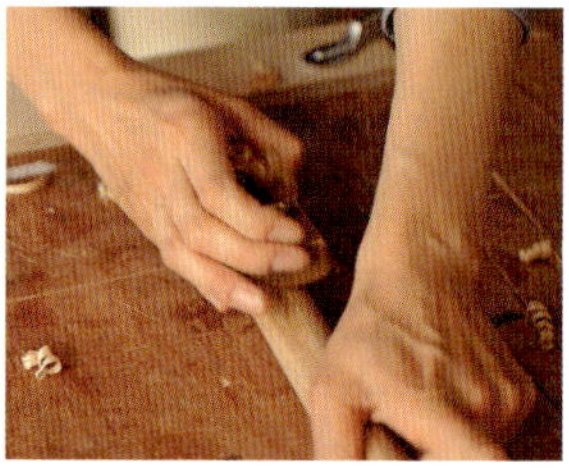

8 脚の半分を削る。穴から木口につけた丸へ向かって、鉋で円錐状に細く削っていく。丸棒をクランプで押えた端材に当てると作業しやすいが、フリーハンドでもよい。
「最初は木口側をガンガンやって、穴側は残す感じで。鉋が引っかかるようなら（逆目になっているので）反対から削りましょう。たまに木口から見て、均等に削れているか確認してください」（戸田さん）。

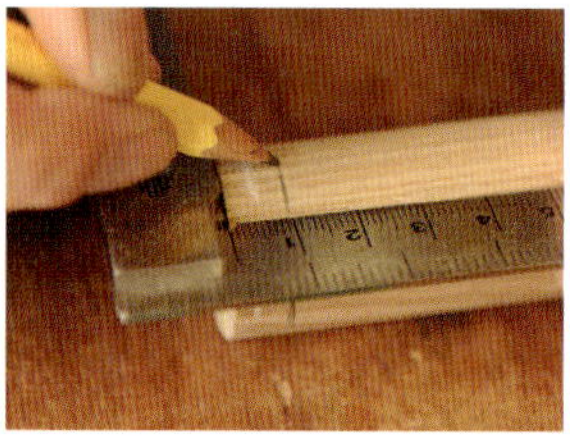

9 木口の面取り。両方の木口から10ミリのところにえんぴつ線をつけ、木口の中心に目印を入れる。印を目安にして、えんぴつ削りのように小刀で角を落として丸めていく。

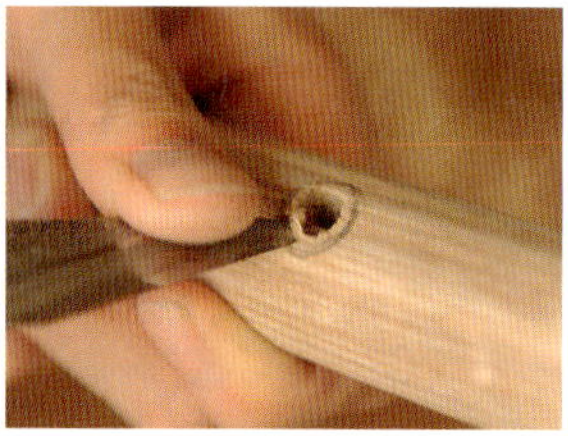

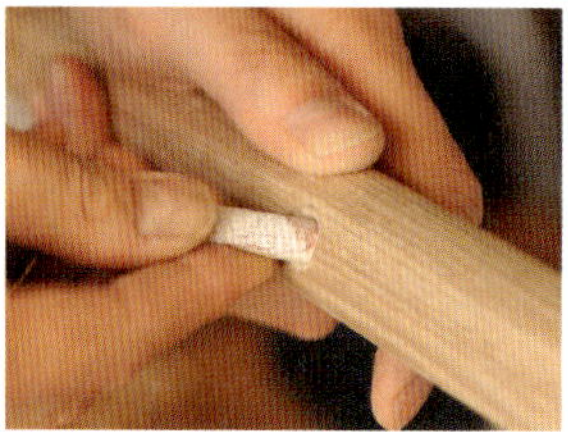

10 穴の面取り。小刀で2ミリくらい穴の入口を広げる。めくるように削る感じで。「ぶわーっとめくれてきたら反対側からやる。えいっと力任せにやらず、ちょいちょいとやっていく」（戸田さん）。丸えんぴつに両面テープでサンドペーパーを貼り、穴の中でくるくる回してガタガタをとる。角をしっかり面取りしないと、ひもが切れやすくなる。

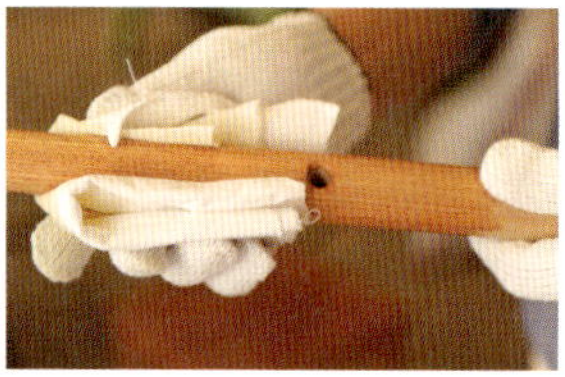

11 サンドペーパーで全体を磨いてから、オイル塗装する（無垢材が好みの人は塗装しなくてもいい）。

布座と脚の組み合わせ

12 塗料が乾いてから、3本の脚の穴にひもを通す。ひもの先はライターであぶって、ほつれないようにしておく。

13 3本の脚にぐるっと一周、ひもを回して「8の字結び」（p156のイラスト参照）をする。指2本分くらい緩めに結ぶと脚が開きやすい。

完成　大人も子どもも座れる。「おさんぽやピクニックの際に、折りたたんで気軽に持っていけます。持ち運ぶ時にぶら下げたり肩に掛けたりするために、ひもを長くしました」（戸田さん）

14　脚の細い方を上にして三角になるように広げ、布座の角のポケットに脚の先を入れる。「ぎゅっと体重を手でかけて、しなりを確認してから、ハイどうぞ。またいでお座りください」（戸田さん）。

ここがポイント

脚を支える布座の角は、しっかり入念に縫う

一　座の角の布が重なるところ（脚先が入るポケット）は、しっかり縫って補強する。ただし、はさみで切った跡のほつれなどは、あまり気にせずおおらかに。

二　脚の穴のまわりは、きっちり面取りする。ひもが長持ちするように。

三　ひもで3本脚をつなげる「8の字結び」は、体重がかかってぎゅっと締まるが、ほどきやすい。結び方は、練習すればだれでもできるようになる。

〔注意〕布やひもが少し傷んできたら、すぐに取り替えること。体重の重い人は、そおっと座って様子をみてからご使用ください。過重がかかっていると思われた場合は座らないこと。

いろいろな布でつくった三角形布座。

第4章

子ども椅子、大人も座れる小椅子

通常サイズの椅子以上に気づかいしながら作り上げた

村上富朗の小さなウィンザーチェア

Murakami tomio

小さいけれど存在感はたっぷりだ。やっぱり村上さんが手掛けたウィンザーチェアである。子ども椅子だといってもどっしり構えて貫禄のようなものが漂う。

「大人が座れる子ども椅子なんだ。小柄な女性が座ると、背中にぴったりくるよ。小さいサイズだからといって、作るのが楽かといえばそうじゃない。通常のサイズの椅子を、ただスケールダウンすればいいということでもないんだ。製作工程はおんなじで、ホゾ組みなんかの手間は一緒。子どもは扱いが乱暴だ

村上富朗（むらかみ とみお）

1949年、長野県生まれ。64年より実家の木工業に従事。75年から数年おきに渡米し、ニューヨークのキャビネットメーカーで家具を製作。2003年、現代の木工家具展（東京国立近代美術館工芸館）に出品。11年、逝去。

(左) ファンバックタイプの小さな椅子。座高23㌢。笠木までの高さ47㌢。(右) コムバックタイプのウィンザーチェア。座高41㌢。笠木までの高さ108㌢。

から、頑丈に作らないといけない。脚は少し太めにしといた」

　この小さなウィンザーチェアは、座面から背のスピンドル（心棒）が外に広がる扇状形に笠木へとつながっている。ということから、ファンバック（fan-back 扇背形）タイプの椅子に分類されるだろう。ウィンザーチェアは、17世紀後半ごろからイギリスの農民などによって作り始められ、その後、アメリカでも普及していった。そのウィンザーチェア製作の日本における第一人者が村上さんである。今までに一人で二百脚近くものウィンザーチェアを作ってきた。

「曲げ木をすることで人間の体にもフィットする。椅子としても刺激的な形をしている。人間を感じる雰囲気がある。人が座ってなくても、人の気配を感じる。頭があって、手があって、脚がある」

　村上さんは建具屋の四代目。中学生のころから家業を手伝っていた。中学卒業後から建具や大工の仕事だけではなく、家具づくりにも携わるようになる。20代半ばには、縁あってニューヨークのソーホーで注文家具を製作する経験も積んだ。そのア

材はウォルナット。オイル仕上げ。

座の裏側。

工房で作業中の村上さん。

サクラの板材で作った小椅子。

自宅リビングで、自作のロッキングチェアに座ってくつろぐ村上さん。足をスツールに投げ出すこのスタイルで、夕食後にテレビを見る。

ウォルナット製のスツール。左の座は楕円形。右は丸座。座高は、どちらも42センチ。

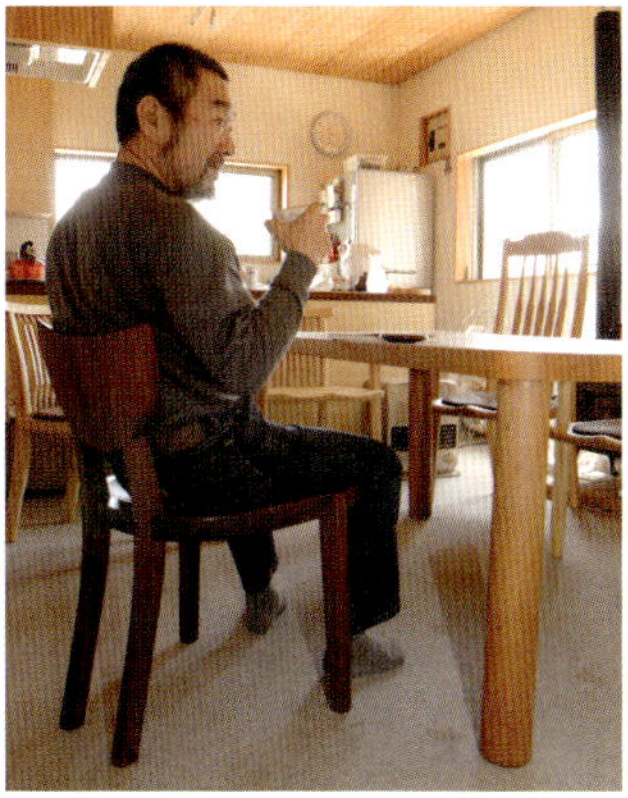

自作のサイドチェアに座って、お茶を飲む。

工房にて。

インテリアとしてもおしゃれな小さなウィンザーチェア。

メリカ滞在中に出合ったのが約二百年前に作られたウィンザーチェア。「こんな美しい椅子があるのか」と、フィラデルフィアのカーペンターズホールで展示品を一目見て強い感動を覚えた。それ以来、精力的に資料や文献を集め、帰国後に製作を始める。試行錯誤を繰り返した末に村上オリジナルの椅子が生まれた。

「椅子はやっぱり木で作ったものがいい。木だと、つい手で撫でるよね。使い込んでくると、いい味いい感じになってくる。他の素材じゃ出ないような。ウィンザーチェアは全部が木で出来ている。適材適所でいろんな木を混ぜて使える。曲げ木のところはナラ、脚はウォルナットという具合に」

60歳を過ぎた村上さんには、木工作家としてもっともっとやりたいことがあるそうだ。向上心は衰えることはない。

「木の椅子の極致を目指したい。まだまだ自分の作るものは美しさが足りない。今までは座り心地を重視してきたけど、見た目がもっと美しくて気持ちいい椅子を作りたい」

極致の椅子とはどんなものなのか。早く座ってみたい。

村上富朗さんは、2011年7月に他界されました。p116〜119の記載は、2010年5月の取材内容に基づいたものです。村上さんの写真は、その取材時に撮影。

「カブトムシいす」。

山田英和（やまだ ひでかず）

1976年、埼玉県生まれ。高校卒業後、森林たくみ塾に入塾。98年、木工作家・谷進一郎氏に師事。2000年、ヒノキ工芸に入社。02年、独立し長野県佐久市で小屋木工を開設。07年、千葉県野田市へ工房を移転。

丸っこくて、やさしい雰囲気があって、とっても頑丈な

山田英和の「カブトムシいす」

Yamada Hidekazu

山田さんと長男の凛太朗くん。

知り合いのおばあさんからの依頼がきっかけだった。

「孫が生まれたから椅子を作ってもらえないかと。丸っこくて、触ってやさしい雰囲気があるものを」

依頼主の要望を聞き、山田さんは製作に取り掛かった。

「ざくざくっと試作したのを見てもらいながら仕上げていきました。ウェグナーのヴァレットチェ

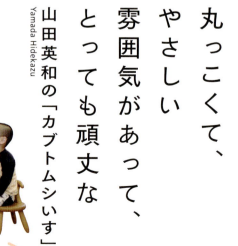

アのイメージを少し取り入れて」

　完成品を見ると、笠木から背にかけての柔らかいラインに特長が出ている。山田さんいわく「笠木のあたりの、ぬるぬるっとした感じ」が、ヴァレットチェアの面影を残す。つくりは頑丈だ。「子ども椅子を作る時は強度をまず考える。ふつうに座ってくれればいいですけど、子どもは何するかわかりませんから。これは、まず壊れません」と話すだけあって、製作の手間もかかる。「機械加工のところが少なく、成形は南京鉋などの手道具で」と。

　この椅子は「カブトムシいす」という。ホームページに掲載していた写真が、社内保育所用の子ども椅子を探していたスタジオジブリの担当者の目に留まった。「カブトムシの角みたいな椅子、作ってもらえますか」という注文の言葉からこの名が付いた。

「椅子全般に言えますが、あんまり重たくない方がいい。特にスツールは丈夫で軽いこと。好きな材のクリを使って軽めに仕上げることが多いです。デザインはさっぱりとまとめたい。見た目も触った感じも、堅いイメージではなく柔らかく」

　父は突き板屋さんなので、山田さんは幼いころから木に触れる機会が多かった。今、長男の凜太朗くんと一緒に木を使って遊ぶこともある。

「生まれたころから木に触ってるというのは、一生に関わる感性が身についていくんじゃないですかね。ぜひ、子どもの時から木のものを使ってもらいたい」と、自分の体験と息子の成長ぶりを踏まえつつ語ってくれた。

スツール。左から、座高38センチ(クリ材)、座高40センチ(座はウォルナット材、脚はクリ材)、座高53センチ(タモ材)、座高56センチ(座はケヤキ材、脚はナラ材)。

南京鉋でクリ材の笠木を削る。

「こどもイス」。座高23センチ。座面33センチ×29.5センチ。

「カブトムシいす」。座高19センチ。座面は30センチ×26センチ。脚の最大直径4センチ。座面にほんの少し窪みがある。

同じ部材から 2種類の組み立て式 小椅子が作れる

平山真喜子・和彦の「はるひスツール」

Hirayama Makiko, Kazuhiko

「はるひスツール」の組み立て方には二通りある。X字型の脚に小さな背のついたタイプと、鳥居型で背のないタイプ。平山真喜子さんがデザインし、夫の和彦さんが製作を担当した。甥っ子の陽飛《はるひ》くんの名を作品に冠している。第6回暮らしの中の木の椅子展（2008年、朝日新聞社主催）で「子どものための椅子」部門賞を受賞した。

「子どものための椅子」というテーマを見た時に、子どもが遊べるような形にして楽しめるも

X字脚タイプに座る陽飛くん。

平山真喜子（ひらやま まきこ）

1980年、京都府生まれ。滋賀県立大学人間文化学部生活文化学科卒業。住宅リフォーム会社に勤務後、京都技術専門校建築科で学ぶ。設計事務所を経て、デザイナーとして独立。2011年、夫で木工家の平山和彦と平山日用品店をオープン。

＊平山和彦のプロフィールはp92参照

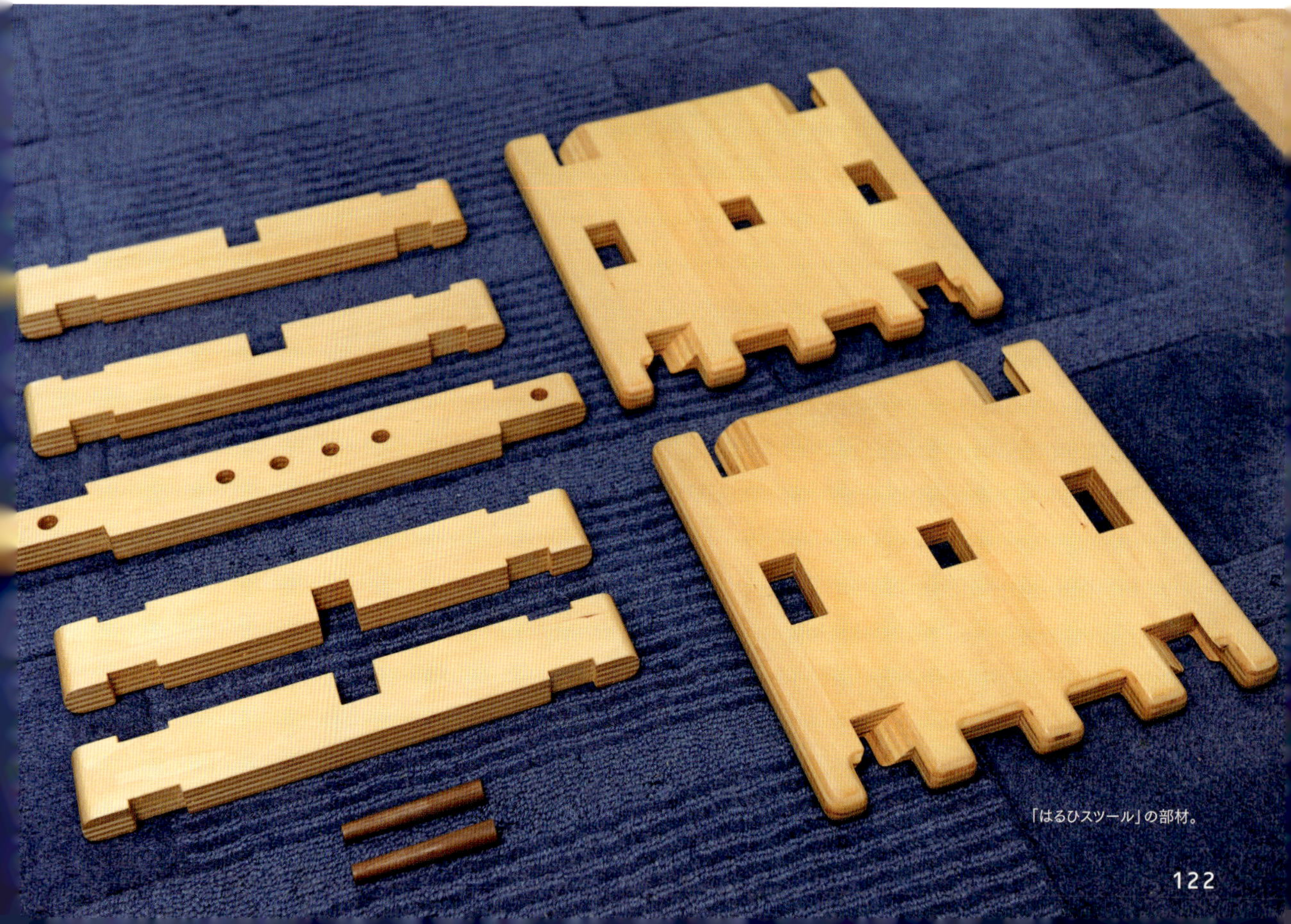

「はるひスツール」の部材。

のを作りたいと思った。積み木のように組み替えながら椅子にならないかなと、ぱっとひらめいて…」と話す真喜子さんは、同じ部材から形と高さの異なる2種類の椅子を作りたいと和彦さんに相談した。

「ラフを描いてきて『こんなんできるかなあ』と好き勝手に言うんですが、それを構造的に問題ないものに仕上げるのに苦労しました。シンプルな形で、2種類とも組み立てたらしっかりしたものでないといけないし」と話すのは和彦さん。つくりがしっかりしたものといっても、遊びの部分は入れ込みたいし、かといって安全面がおろそかになってはいけない。とにかく試作を作ってみることにした。すると、思いのほか構造的に耐えられるものが出来上がった。素材は子どもが使うことを考慮して、軽くてやわらかいシナの共《とも》芯《しん》合板を用いた。

デザイナーの真喜子さんはイメージだけでラフを描いているのではなかった。「無駄な部材が出ないように形をまとめるのに苦労しました。どちらの椅子も、部材を使い切りたかったんです。かといって、形をおろそかにするのはいやでした。あくまで形は美しく」。

2歳になった陽飛くんは、積み木感覚で「はるひスツール」と遊んでいるという。「形を変えられるのがわかったみたいで、電車に見立てて遊んだり、椅子にまたがって木馬のようにしてみたり。作り手の思いつかない遊び方をしています」と、真喜子さんの当初の思惑どおりの椅子になっている。

「はるひスツール」を組み立てる、平山さん夫妻と甥っ子の陽飛くん。

X字脚タイプを組み立てる。

鳥居型スツールを組み立てる。

「はるひスツール」(鳥居型)が完成。

大人が座っても大丈夫。

鳥居型スツール。

前列左より、「takku」、「ちょっとスツール（L）」、「楽ちんスツール」、「ちょっとスツール（M）」。後列左より、「wa-sanbon21」、「wa-sanbon30」（いずれも、小泉誠デザイン）、「とび箱スツール」（村澤一晃デザイン）。

まん丸ツルツルに仕上げた5本脚の子ども椅子

テーブル工房kikiの「takku」

「takku」に座る堀江ここ菜ちゃん（kikiのスタッフ、堀江佳代さんの次女）。撮影日がちょうど3歳の誕生日だった。

息子の1歳の誕生日プレゼントにしたいので、子ども用の椅子を作ってほしい。こんなお客さんからの要望から作り上げたのが5本脚の小椅子「takku」。

「子どもって椅子に座っても、ころんころんひっくり返ったりするでしょ。どないかして安定するようにと思ってね、真っすぐな脚を外側に多めにつけて。1歳の子ならつかまり立ちして、つたい歩きもできるんでね。背もたれは、ぐるっとまわして触っても痛くないようにまん丸

木村健治（きむら けんじ）

1958年、徳島県生まれ。高校卒業後、家業の木村床材店に入社。90年、（有）キムラへ社名変更する際に社長就任。97年、テーブル工房kikiの屋号で見本市へ出展。2008年に社名をテーブル工房kikiに変更し、代表取締役。

ツルツルに仕上げた。そしたら喜んでくれてね」

テーブル工房kikiの木村健治さんが、特に気をつけたのは最後の仕上げ。1歳の子どもが日々使うことを考えると、ついつい気をつかって素材に用いたトチ材をきれいに磨き上げた。今では定番商品となった。

テーブル工房kikiでは、何種類ものスツールを製作している。「ちょっとスツール」、「楽ちんスツール」、小泉誠さんデザイン「wa-sanbon」、村澤一晃さんデザイン「とび箱スツール」など。同じデザインで、数多くの異なる材ごとに作られているのが特長だ。クルミ、タモ、シナ、セン、カツラ、イチョウ、メープル、神代ニレ…。なぜそんなに樹種が多いのか。それは社名から考えれば理解できる。元々は一枚板の天板で座卓やテーブルを製作する会社だった。いろいろな材を天板加工する際に、切り落とす部分が出てくる。端材といえば端材だが、幅が50センチくらいある大きめの材も出てくる。それらは、作業場の外に山積みされていた。

「デザイナーの村澤さんが初めてうちへ来た時に、厚さ75ミリもある端材なんてどこにもないよって、驚いてた。それから端材を利用してスツールや時計などの小物を作るようになっていった」

数年前から、デザイナーたちとやりとりしながら新商品を開発するワークショップを行っている。デザイン力、kikiが所有する豊富な素材、加工技術力などが融合されて、おしゃれで座りやすいスツールがまた新たに生み出されることだろう。

「takku」と「takkuベンチ」。

まん丸ツルツルに仕上げた「takku」の笠木部分。

「ちょっとスツール」。座高は3種類。LL68センチ、L55センチ、M43センチ。タモ、トチ、センなどスツールによく使う材だけでも10数種類はある。

テーブル工房kikiの店内。スツールやテーブルから木製テープカッターや時計などの小物まで品揃えが豊富。

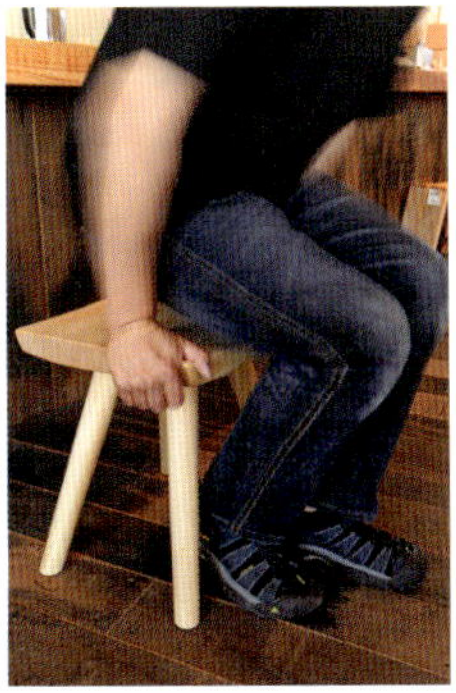
「楽ちんスツール」の座は広いので、両端を押えて力を入れながら立ち上がれる。

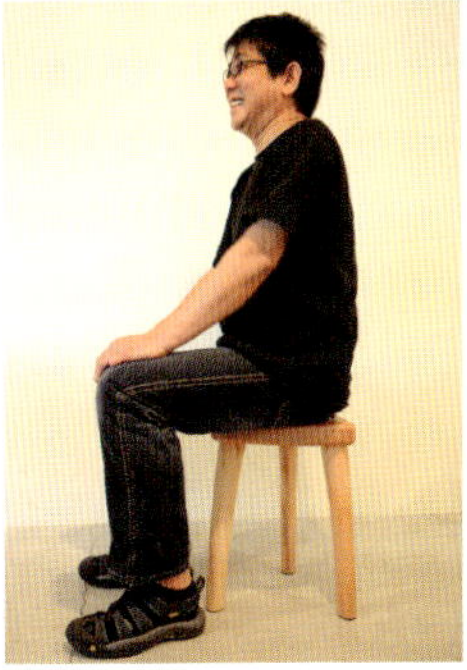
「ちょっとスツール」に座る木村さん。

子どもの成長に合わせて座の高さを使い分けられる

菊地聖の「三面幼座椅子」

Kikuchi Sei

座の高さが17センチの頑丈な小椅子。これをひっくり返せば、座の高さが22センチの椅子になる。さらに半回転させて背もたれだったところを上面にすると、座高34センチのスツールになる。

「幼いころだけではなくて、成長と共に使ってもらえたらなあと思って。最終的には、大人がスツールとして座れるようにしてみました。踏み台にしても大丈夫なように、しっかりと強度は持たせています」

菊地さんが三面幼座椅子を最初に作ったころには、まだ長男の弦くんは生まれていなかった。お客さんから子ども椅子の注文

菊地聖（きくち せい）

1965年、北海道生まれ。日本大学芸術学部演劇科舞台装置コース卒業。CM制作会社勤務後、匠工芸入社。95年に独立し、北海道東神楽町に家具工房「GOOD DOGWOOD」設立。

三面幼座椅子。「2001ジャパン・ブナ・フェスティバル」ブナ家具クラフトコンクール奨励賞を受賞。受賞作品はブナで製作。写真の材は、左からナラ、クルミ、キハダ。

をもらっても、子どものことをよく知らないし、座の高さをどれくらいにすればいいのか戸惑いがあった。そんな中から、身長が伸びても、大人になっても、ずっと使える小椅子という発想が浮かんだ。

元々、菊地さんにはこのような椅子を作り出す考え方のベースがある。

「自分の作ったものが、何十年も何百年も使われていってほしい。長く使えるものを作る」

こんな思いを込めながら、独立した時から製作に取り組んできた。代表作の一つである「ワゴナベイビー」は、テーブル用の子ども椅子としての機能と食卓用ワゴンとしても使える工夫が施されている。これも、「子どもの成長後にも、ずっと使える家具」という発想だ。

「弦が生まれてから、子どもは、大人が思いつかないような使い方をするということがよくわかった。この三面椅子もおもちゃみたいな感じで遊んでる。転がしたり電車ごっこしたり。遊具に近いですね」と菊地さんが話している横で、弦くんは椅子にまたがって、元気いっぱいに自転車こぎを始めていた。

インテリア小物を置くのにも便利。

椅子にまたがって自転車こぎをする弦くん。

二枚ホゾ組みなどを施し、材をしっかり組んで強度を持たせた。

三面幼座椅子に座って、菊地さん親子のおやつタイム。

「踏み台として重宝しています」というお客さんも多いそうだ。

リアルすぎず、崩しすぎず。動物をシンプルにデザインした

岸本幸雄（Zoo factory）の子どもいす「Wild life」と「しっぽスツール」

Kishimoto Yukio

工房名はZoo factoryという。岸本さんの自宅兼工房は札幌・円山動物園のすぐ近くにある。それにちなんで命名された。

「家具をつくる際に、動物はヒントになる。椅子やテーブルは基本的には四つ脚。動物と共通するところがあって、デザインの参考になりますね」

デザインでいつも心掛けているのは、あんまりやりすぎない

岸本幸雄（きしもと ゆきお）
1966年、北海道生まれ。東海大学教養学部芸術学科卒業。環境造形製作会社に勤務後、北海道東海大学研究生として椅子のデザイン製作を学ぶ。2004年、独立しZoo factory開業。第4回暮らしの中の木の椅子展優秀賞。06～11年、札幌芸術の森・木工房で木工指導担当。

「しっぽスツール」に座る岸本さん。

Wild lifeシリーズの「ライオンいす」や「木トナカイ」などに座って遊ぶ、岸本さんの長女・花ちゃんと次女・桃ちゃん。

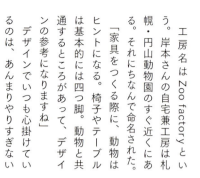

こと。

「どうだ！これっ、ていう感じではなく、置いた空間の中の一つの要素として存在するものにしたい。空間になじんで自己主張しないように。でも、見ていて楽しいもの」

動物をデフォルメした作品をいくつか手掛ける岸本さん。生きている動物はそれぞれに個性があって主張しているように思えるが、そこはどう形に仕上げていくのだろう。

「元々、直線や直角が好きで、線と線のつながりを考えるようにしています。動物の姿を、どこまでシンプルに持っていくかがポイントです。何の動物かわからなくなってはいけないので、その加減がむずかしい。特徴のあるところを残すようにします。例えばライオンなら、たてがみを。完成までは何度も線を描いて詰めていく。リアルすぎず崩しすぎず。もちろん、椅子としては当然のことですが、安全面や安定性のよさを考慮しながら」

大学卒業後から35歳まで、環境造形の製作会社でデザインを担当していた。就職したころはバブル時代で、駅前広場などに置くモニュメントやオブジェ製作のような仕事に数多く携わった。そのような下地があるので、シンプルにデフォルメした家具のデザイン製作も得意なのだろう。

「しっぽスツール」という、ぼんぼりのようなしっぽがついたスツール。これはキリンをモチーフにしたというが、長い首に類するものがない。「最初は首をイメージした背もたれをつけていたのを、バランスを考えて外した」とは、何とも岸本さんらしい。人が座ると、何となく全体の姿がキリンにも見えてくるのだ。ただし、6本脚にはなるけれど…。

座るだけではなくインテリアの一部にもなる「しっぽスツール」。写真のスツールはタモ製。

ウォルナット製の「しっぽスツール」。座高45.5㌢。座面は25㌢×15.5㌢×厚さ5㌢。しっぽは、染色・織作家さんが毛糸で作った。

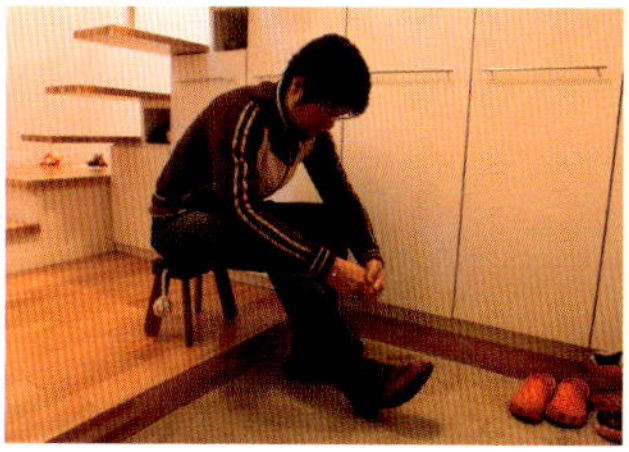

座高の低い「しっぽスツール」は、玄関で靴を履く時に重宝する。

木工作家がつくった

いろんな子ども椅子

▼

八十原誠の「ciccha」(ちっちゃ)

あぐら椅子にも使える。座の布張りは「村上椅子」(京都市)が担当。脚の材はカバ。29㌢×23㌢×座高16㌢。

◀

橋本裕のチェリー材小椅子

子どもが洗面所で手洗いする時に使うイメージで作った。24㌢×34㌢×背の高さ45㌢。座高24㌢。

▶
山極博史の
「チャイルド
ロッキングチェア」

材はバーチ合板。40㌢×48㌢×背の高さ40㌢、座高24㌢。

◀▼
谷進一郎が
娘のためにつくった
子ども椅子

この椅子を、谷さんの娘さんが幼い頃に愛用していた。材はケヤキ。拭き漆仕上げ。座は、28㌢×25㌢×厚さ4㌢。座高10㌢。下の右側は、アフリカのコートジボアールとギアナの国境周辺に住むゲレ族の小椅子。

▲
山極博史の
「チビネネ」と「チコチェア」(下)

材はタモ。「チビネネ」は大人が座っても大丈夫。30㌢×22㌢×座高27㌢。「チコチェア」には、やさしいカーブのついた背がついている。30㌢×27.5㌢×背の高さ42㌢、座高23㌢。

ロッキング木馬

～お母さんが子どものために木馬をつくった～

by 岸本幸雄

4歳と1歳の息子たちに、木馬を作ってあげたい。そう思い立った佐藤ゆかりさんが、木工作家でZoo factory代表の岸本幸雄さん（p128）にアドバイスを受けながら、念願の木馬を作り上げました。その様子をご紹介しましょう。

ロッキング木馬（長さ73.5センチ×幅22センチ×高さ53.5センチ）

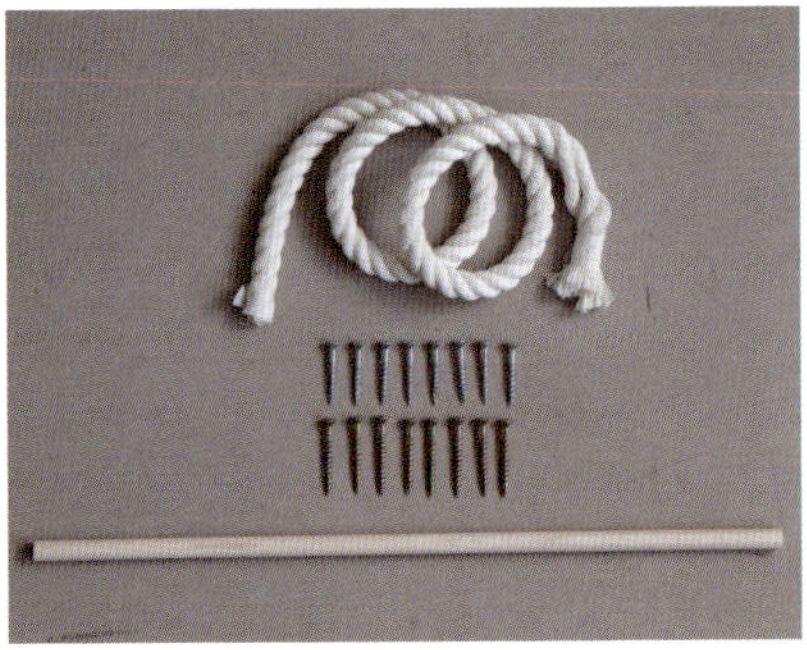

材料

バーチ合板材
〔側板・枠用〕
（520ミリ×540ミリ×15ミリ）×2
〔ソリ用〕
（220ミリ×735ミリ×15ミリ）×1
丸棒（8ミリ径、長さ300ミリ）×1
スリムネジ（3.3ミリ×30ミリ）×8
スリムネジ（3.3ミリ×25ミリ）×8
綿ロープ　600ミリ

道具

糸ノコ盤
電動ドリル
（10ミリ径ドリル、7.5ミリ径ドリル、3.5ミリ径ドリル）
電動サンダー
トリマー
ノコギリ
玄能
ポンチ
ノミ
スコヤ
さしがね（かね尺）
クランプ
はたがね
万力
メジャー
えんぴつ
消しゴム
竹串
木工用ボンド
白木用水性塗料
はけ
ぼろきれ（ぞうきん）
容器
重し
サンドペーパー
（#120、#240、#400）

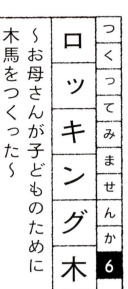

＊p157参照

つくり方

側板とソリをつくる

1 板に木馬の図面を描く（写真では木馬型を使ってトレース）。p157に掲載している図面を拡大コピーして型を作るか、板に図面を直接トレースする。ネジ穴の位置も正確に。

2 糸ノコ盤でえんぴつ線に沿って切る。馬の形に切り抜く。ノコ刃を垂直になるようにして、ゆっくりと板を動かす。

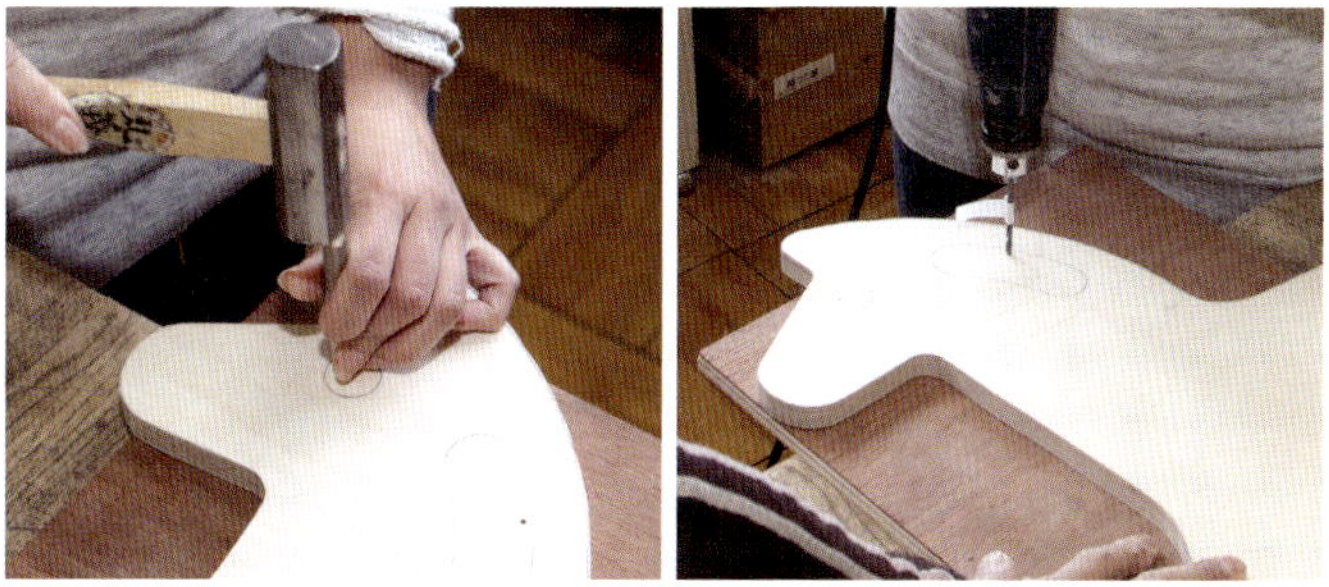

3 持ち手と目の部分をくり抜く。えんぴつ線の内側に、ポンチを玄能で叩いて印をつける。そこにドリルで穴をあけ、糸ノコ刃を入れて内側からくり抜いていく。

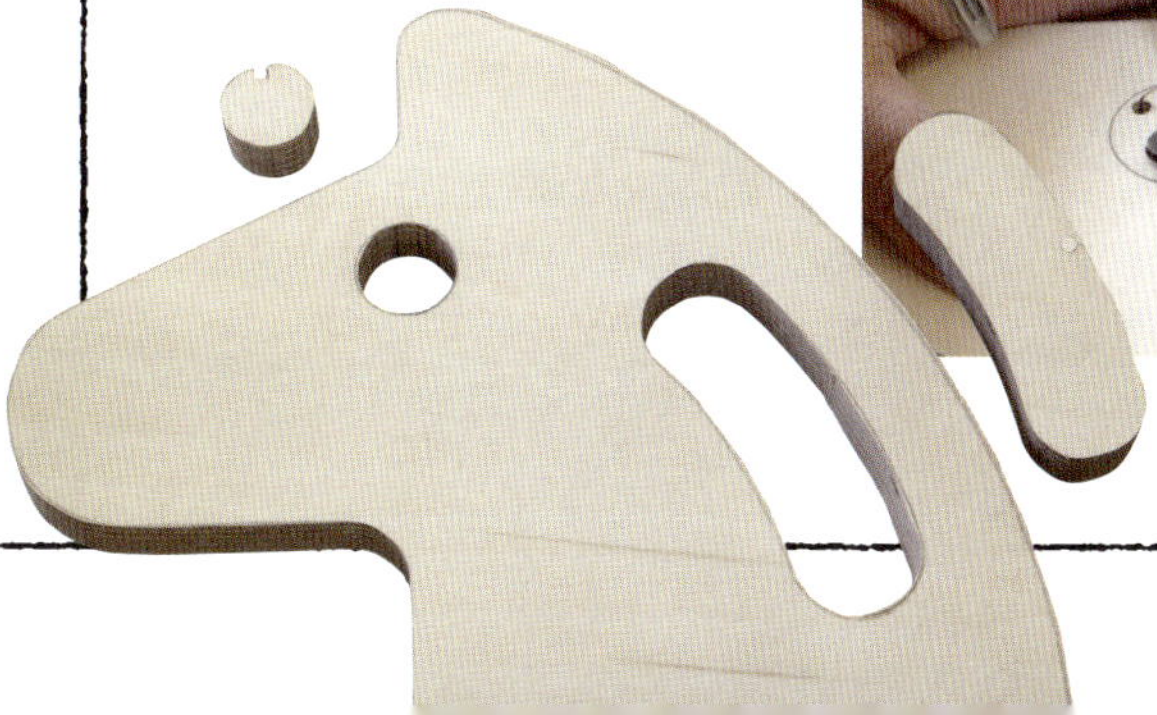

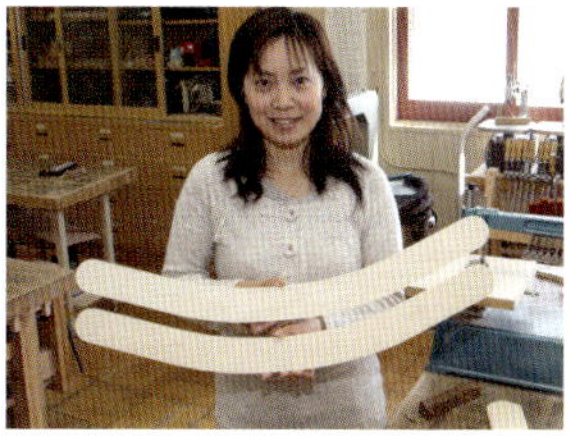

4 ソリの材を糸ノコ盤で切る。ソリの前後のラインが微妙に異なるので、前後左右がわかるように印をつけておくこと。

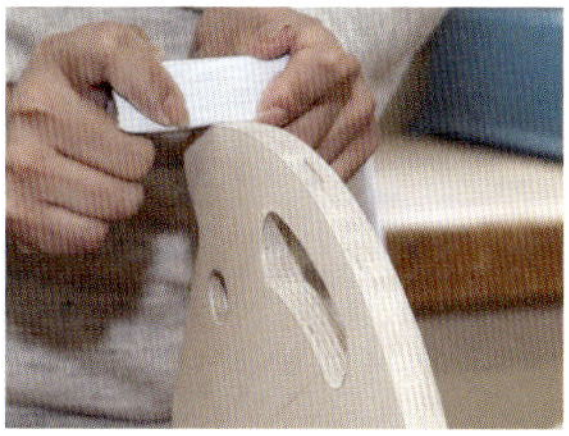

5 木馬を万力で固定し、切り跡などを電動サンダーやサンドペーパー（#120）で磨く。

6 ネジ穴にポンチで印をつけ、3.5ミリ径のドリルで穴を貫通させる。

7 丸棒を入れる（締めたネジを隠す）時のために、7.5ミリ径のドリルで穴を広げる。深さは5ミリ程度に。

➊ 側板にはさむ枠をつくる

8 木馬の形に切り抜いて残った材に墨付けし（p157）、糸ノコ盤で4枚の板に切る。

9 枠の上側の板をくり抜く。持ち手をくり抜いた要領で、ノコ刃を中に通して切る。切り跡をサンドペーパーで磨いて面取りする。

10 木馬のしっぽにするロープを通す穴あけ。四角形の材の中心（対角線を引いた交差点）に10ミリ径のドリルで貫通穴をあける。

この段階までの進行状況。

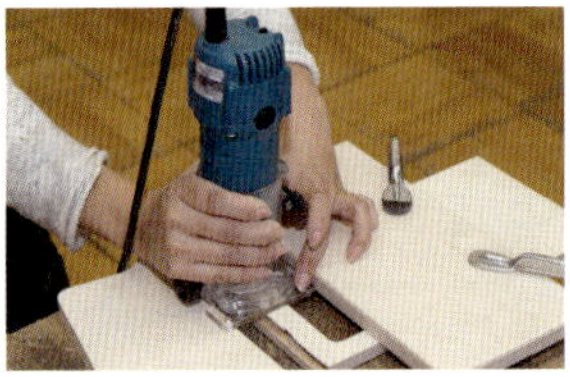

11 枠を組み立てる。強度を持たせるために、枠の上下にくる長方形材の両端の一部を削り取る（幅15ミリ、高さ5ミリ）。方法はいろいろあるが、今回はトリマーを使用。クランプで、切る材とあて木を固定。トリマーで端から地道に動かしながら削っていく。その後にノミでならし、サンドペーパーで仕上げる。

12 仮組みをして完成形を確認してから（特にしっぽの穴の位置に注意）、接合面に木工ボンドを塗り組み立てる。

13 さしがねで直角になっているか確認し、はたがねやクランプで固定。一晩置いてボンドを乾かす。

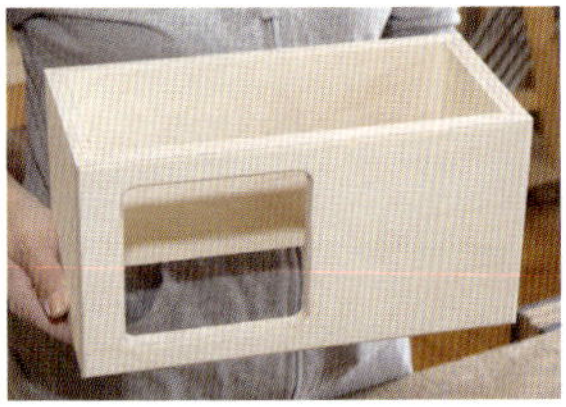

14 乾燥後にクランプなどをはずし、枠が完成。

➋ 各部材を接合して組み立てる

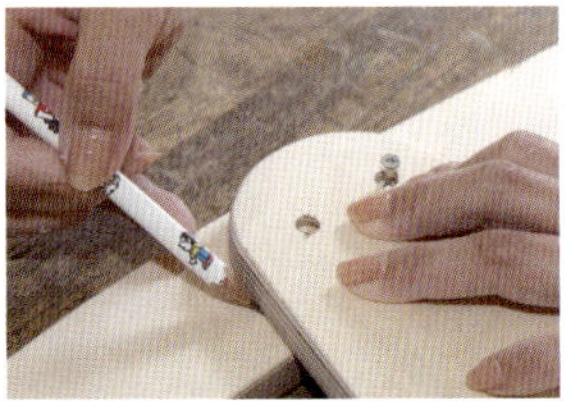

15 側板とソリのネジ穴の位置を合わせ、ネジで仮留め。ソリに脚の輪郭線をつける。ソリが側板の外側になるように。間違いやすいので要注意。

16 ソリにつけた輪郭線の内側にボンドを塗り、脚とソリを貼り合わせる。それをスリムネジ（25ミリ）で固定。

17 ネジ穴に丸棒（先は面取りしておく）をうめる。竹串につけたボンドを穴に塗り、丸棒を差し込み玄能で叩く。余分な丸棒は切り、面をサンドペーパーで磨いて平らにする。

18 仮組みして位置を確認後、ボンドを塗って枠と側板と接合させる。直角を確認し、重しを乗せて乾かす。

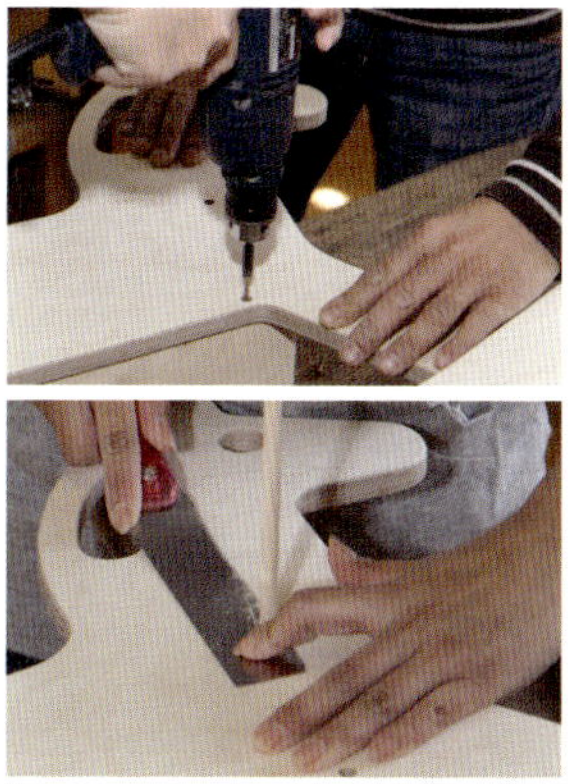

19 少し乾いてから、側板と枠をスリムネジ（30ミリ）で固定。ネジ穴に丸棒を埋めた後に切り、面を磨く。

20 反対側も同じ作業をする。ボンド塗り→接合→直角確認→乾燥→ネジ固定→丸棒埋め。木馬の形に完成。佐藤さんも思わず笑顔に。

21 塗料をはけで塗る。底から塗っていく。

22 塗料が乾いてから、しっぽのロープをつけて出来上がり。

完成 完成した木馬に乗って遊ぶ佐藤さんと長男・颯太くん、次男・優弥くん。

製作者の佐藤さん　つくり終えての感想

子どもの遊ぶ姿を思いながら木を磨いた

子どもたちが楽しく遊んでくれている様子を思い浮かべながら作業していました。喜んでくれるといいな。ずっと使ってほしい。

――難しかったところは?

糸ノコで板を切るところ。板が大きく重たかったので扱いにくくて。きちっと切らないと後で影響するんじゃないかと思い緊張感がありました。組み立て始めると、先が見えてきたので楽しくなってきた。子どもが使うものなので、持ち手や体が触れる部分はていねいに磨いて仕上げました。

――読者の方へアドバイスを

初心者でも時間をかけてゆっくりやれば難しくない。つくる側が楽しんでやると、使う人も楽しくなる。技術も大切ですが、気持ちが大切。うれしそうに子どもが遊んでくれれば、私の目的は達成です。

完成したころにお父さんとやってきた長男の颯太くんは、大きな声で「早く乗りた～い!」と言い出した。むずむずした様子。そして、乗馬がかなうと「楽しい!」と笑顔いっぱいに木馬を揺らし始める。お母さんの思惑通りだった。

ここがポイント

板やネジの位置はこまめに確認

一　糸ノコ作業は、ガアーッと力任せに材を押すと刃が折れてしまう。あせらず力まず、やさしくゆっくりと。切れた分だけ進む感じに。

二　構造物に安定感を増すために、接合部のボンド接着とネジ留めはきっちりやること。木馬は人が乗るものであることを忘れずに。

三　側板とソリの接合の内外や前後、ネジを板に入れる方向など、その都度確認しながら慎重に作業を進める。板に印や文字を書いて(左外など)、間違いを防ぐように。

四　ソリは、全体が曲線になっているわけではない。ストッパーの役目を果たすために、ソリの前後の先端近くは直線になっている。図面を描く時に留意すること。

第5章

スツールや椅子を修理再生する

拾ってきた廃材を使って
元々の味わいを
残しながら再生させた

武田聡史の「Scrap Chair for Children」

Takeda Satoshi

武田聡史（たけだ さとし）

1982年、兵庫県生まれ。千葉県九十九里町で育つ。2002年、千葉市のニトクラフツに入社。現在は同社を退職しているが、引き続き家具製作に携わっている。

インテリアとしても部屋の空間になじんでいく。

何ともいえない不思議な雰囲気を醸し出す小椅子だ。

「いつ作られたのか、どこで使われていたのか全然わからない。転々として、いろんな人が関わってきた椅子なんでしょう」

武田聡史さんは内装関係の設計施工などを請け負うニトクラフツで、家具や什器製作などを担当する。この椅子は、内装工事をしていた東京・下北沢の洋服屋さんの前に雨ざらしで置かれていたものだった。ニトクラフツ代表の宇井孝さんが持ち帰ってきて、「ちょっと手直ししてみれば…」と武田さんの手に託された。

合板の座板は腐っていた。前の貫は折れていた。背の部分は、ホゾ穴は残っていたものの真ん中の板はなかった。

「もうガタガタでしたね。どうしたらいいかなあと思いながら、まず壊した。脚や座板をはずし、ばらばらに。使えそうな材と駄目そうな材を仕分けしていきました。なるべく元々ある材を使おうと思って」

オリジナルの椅子の雰囲気を壊さないようにしながら、強度を持たせて再生する作業が始まった。

「座板でこの椅子のイメージが決まってくる。3枚の座板を選ぶのに時間をかけました」

仕事現場から出た古材や捨てられていた廃材を何枚も並べ、「これがいいかな」と選んでいった。大きな節のある板も、あえて組み合わせた。味わいを大切にしたい気持ちからだ。色は塗っていないが、それぞれの木の風合いが、いいバランスになっている。

小椅子といっても大人も座れるようにと、新たに斜めの貫を2本組んでみた。錆びた釘は再利用した。「今、事務所に置いてますけど、前からあったような感じがしてしっくりくる。違和感ありませんね」

武田さんが理想とする椅子は、強度を保持した上で、その空間になじんでいるものだという。「Scrap Chair for Children」は、まさに、武田さんの理想の椅子なのかもしれない。

屋外に椅子を持ち出して林を眺める。

前の貫は折れていたので、新しい材と取り替えた。

「Scrap Chair for Children」を、いとおしそうに眺める武田さん。

＊P138、139の記載は、2010年5月の取材内容に基づいたものです。

Yチェアのフレーム。この座にペーパーコードを編んでいく。

椅子屋の桧皮奉庸が、Yチェアの座面を編む

桧皮奉庸（ひわ よしのぶ）

1976年、兵庫県生まれ。宇和島高等技術専門校で木工を学ぶ。99年、桜製作所入社。主に、ジョージ・ナカシマの椅子を製作。5年半の勤務後、神戸で椅子張りを学び、2005年、飛騨高山のキタニ入社。北欧家具の椅子張りなどを担当。07年、独立し桧皮椅子店を開業。

ぐいぐいと引っ張って、ぐるっと回して、また引っ張って、ちょいちょいと寄せて、また引っ張って……。

桧皮さんが小気味よいリズムで座を編んでいく。ある施設で長年使われていたYチェアの座の編み替えを、10数脚まとめて頼まれたのだ。ハンス・ウェグナーがデザインしたYチェアは名作椅子の誉れが高く、日本でも大変人気がある。

「張り替えは人の手でしかできません。Yチェアの座面を編む時は、ペーパーコードをフレームに対して直角に折り、弛みなく隙間が広がらないようにと心掛けています」

〝椅子屋さん〟と呼ばれたいという桧皮さんはオリジナル作品の製作もするが、何十年も使いこまれた椅子の修理や座の張り替えの仕事が数多く舞い込んでくる。北欧家具のライセンス生産をしている家具メーカーで、フィン・ユールなどの名作椅子の修理を担当した経験が生かされている。

「はたから見れば古くて使いものにならないような椅子でも、修理を依頼してくる人にとっては思い出がいっぱい詰まって愛

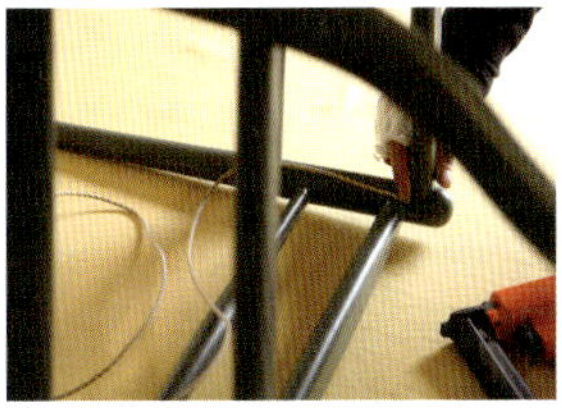

1 ペーパーコードの端をタッカーでフレームに留め、作業スタート。

2 ペーパーコードを前側フレームから巻いていく（桧皮さんは左利き）。

3 フレーム角部分でのペーパーコード編み。

4 「できるだけペーパーコードを直角に編んでいくことがポイント」と桧皮さん。

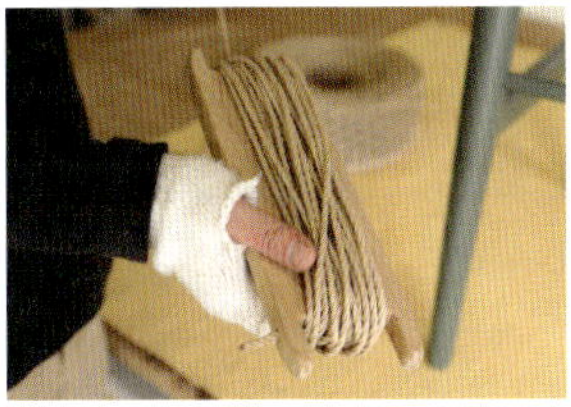

5 桧皮さんが使用するペーパーコードはデンマーク製。弱撥水性。撚（よ）りが強い。

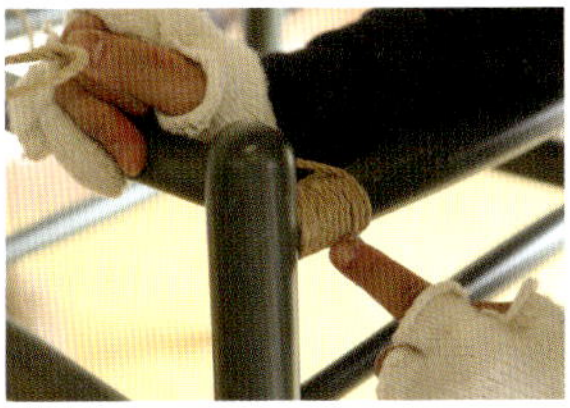

6 フレームにペーパーコードをぐっと巻きつける。

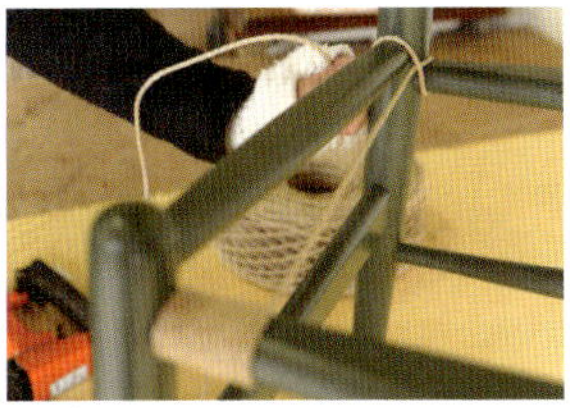

7 前側フレームと後方のフレーム角を結ぶペーパーコードは、前側フレームと直角になるようにする。

8 こまめに「目打ち」という道具を使って押し込む。ぐっと詰めることによって、すき間なく収まる。

9 このようにどんどん編んでいく。

10 最後は、裏側でペーパーコードを留める。

完成 座編みの終わったYチェア。

着のあるもの。その思い入れを大切にしながら再生するようにしています」

座は張り替えれば大丈夫。木部も材を補強したり、再塗装すれば直しができるという。「椅子屋に任せてもらえれば、再生してまた使えるようになりますよ」と、桧皮さんは力強く語った。

＊Yチェアの座編みの詳細については、『Yチェアの秘密』（坂本茂・西川栄明、誠文堂新光社）を参照のこと。

がたついて傷みの目立つスツールを修理再生する

by 八十原誠

70年以上前に製作されたと思われるトチ材のスツール。丸座に4本脚のシンプルな形に、長年の使用に耐えてきた独特の風情が覆われている。かなり傷みの目立つこのスツールを、八十原誠さん（p96で紹介）が修理再生した。

古くなって傷みの目立つスツール

1 スツールの分解

脚と貫の接合を補強していた釘を抜く。座から脚をはずす。「たいていのものを修理するけど、どれも釘抜きが一番大変」と八十原さん。

2 各部材ごとに修理

①貫

ホゾがボロボロになっているので、鉋の削りくずを巻いて接着剤で貼り付ける。乾燥するまでテープを巻いておく。

十字の交差部分がスカスカになっているので、補強するために薄い板を交差面に貼り付ける。まずは、薄板をはめて貼る大きさを決める。

薄板を貼り付けた後に組み合わせる。

②座

座の周囲で欠けているところに接着剤で木を貼り付け、乾燥後に鉋やノミで削って調整する。最後に全体をサンドペーパーで磨く。

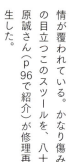

③脚

磨り減っている脚上部のホゾに、接着剤を塗ってから、鉋の削りくずを巻き、ホゾを太くする。

3 組み立て

脚のホゾ穴に接着材を塗ってから、貫と組み合わせる。

座のホゾ穴と脚のホゾに接着剤を塗ってから、座と脚を組み合わせる。

はたがねとクランプで固定し接着剤の乾燥を待つ。

乾燥後にクランプなどをはずし、脚の長さの調整をする。

4 塗装

新たに補強した木に水性ステインを塗った後、全体にウォルナット色のオイルを塗り、布で拭き取る。

修理を終えた八十原さんのコメント

再生の際に気をつけるのは、どういう雰囲気に仕上げるのかということ。ピカピカに新品のように仕上げても…。今回は古い味を残しながら、パリッと仕上げるように心掛けました。

古いものの修理をすると勉強になる。どこが傷みやすいのか。技術的にどういう作り方をしているのか。お客さんの思いにも応えたい。おばあちゃんが愛用していた椅子を座れるようにするとかね。

DATA&図面

本書で紹介した木工作家の連絡先、木工関係の用語と道具解説、「つくってみませんか」で製作した作品の図面などを、以下のページに掲載しました。参考にしてください。

この本で紹介した木工作家の連絡先

＊は、取扱店（p148に掲載）。木工作家の作品は、直接注文やギャラリーやデパートなどで開催される展覧会での展示販売の形態が多く、常設での店舗販売は少ないです。取扱店の掲載がなくても、興味のあるスツールがあれば、各作家のウェブサイトをご覧になるか直接お問い合わせください。
ウェブサイトを開設されている方のメールアドレスは、サイトからご確認ください。
2018年1月現在のデータ

狐崎ゆうこ
〒399-3704 長野県上伊那郡飯島町本郷92-3
TEL 0265-86-5181
hng@to.707.to

NPO法人グリーンウッドワーク協会（代表：小野敦）
〒501-3701 岐阜県美濃市2973番地1
TEL 090-4793-9508（小野）
https://www.greenwoodwork.jp

小沼智靖（小沼デザインワークス）
http://tomoyasukonuma.com

坂田卓也（坂田卓也製作所）
〒612-8082 京都市伏見区両替町15丁目138
TEL 075-203-8693
http://sakatatakuya.com

坂本茂（simdesign）
http://www.simdesign.jp
*11

新木聡（新木工房）
〒561-0845 大阪府豊中市利倉1-13-25
TEL 06-6862-8053
http://realbasic-design.com

杉村徹
〒301-0816 茨城県龍ヶ崎市大徳町3836-2
https://www.sugimuratoru.com
*4,5,7

傍島浩美（ハオ アンド メイ）
〒365-0023 埼玉県鴻巣市笠原1104
http://www.haoandmei.jp

高橋三太郎（家具工房SANTARO）
〒063-0011 札幌市西区小別沢50-1
TEL 011-667-1941
http://www.santaroworks.net/
*12

秋友政宗（リャマ・ファクトリー）
〒551-0011 大阪市大正区小林東3-12-19
TEL 090-8483-0761
http://www.llamafactory.jp

安藤和夫
〒250-0214 神奈川県小田原市永塚256
TEL 0465-42-3999
http://www.ando-kobo.jp

井崎正治（工房 塩津村）
〒443-0046 愛知県蒲郡市竹谷町東作間35-1
TEL 0533-67-3759

井藤昌志（ラボラトリオ）
〒390-0874 長野県松本市大手1-3-29
TEL 0263-36-8217
http://laboratorio.jp

宇納正幸（UNOH家具工房）
〒601-0542 京都市右京区京北田貫町室次谷10-4
TEL 075-854-0231
https://www.unoh.jp

賀來寿史
〒596-0102 大阪府岸和田市山直中町180-1
http://www.kinokoubou.com

川端健夫
〒520-3305 滋賀県甲賀市甲南町野川835
TEL 0748-86-1552
http://mammamia-project.jp
*8

菊地聖（家具工房GOOD DOGWOOD）
〒071-0382 北海道上川郡東神楽町志比内101
TEL 0166-96-2218
http://good-dogwood.sakura.ne.jp
*12

岸本幸雄（Zoo factory）
〒064-0944 札幌市中央区円山西町8-4-16
TEL 090-6990-1844
https://zoofactory.jimdo.com

松本行史（松本家具研究所）
〒711-0932 岡山県倉敷市菰池2-1-5
TEL 086-441-1583
http://m-k-k.jp
*13

宮地鎮雄（工房宮地）
〒071-1402 北海道上川郡東川町西2号北10
TEL 0166-82-2167
http://www13.plala.or.jp/kouboumiyaji/
*1

森明宏（森工房）
〒503-2423 岐阜県揖斐郡池田町青柳134-4
TEL 090-9186-2211
http://morikobo.a.la9.jp

八十原誠（樹輪舎京都）
〒601-0262 京都市右京区京北細野町中之里19-1
TEL 075-852-0178
http://jurinsha-kyoto.com

山極博史（うたたね）
〒540-0029 大阪市中央区本町橋5-2
TEL 06-6946-0661
http://www.utatane-furniture.com
*10

山田英和（小屋木工）
〒270-0222 千葉県野田市木間ヶ瀬6060-1
TEL 04-7198-2758
http://www.koyamokkoh.com

山元博基
gen-chan@giga.ocn.ne.jp

山本有三（UcB工作）
〒630-2165 奈良市長谷町1263
TEL 0742-81-1080

和山忠吉（おりつめ木工）
〒020-0581 岩手県岩手郡雫石町御明神赤渕74-12
TEL 019-692-6220
http://chukichi.com
*2,3

谷進一郎（谷工房、スタジオKUKU）
〒384-0021 長野県小諸市天池4741
TEL 0267-22-1884
http://www.tani-ww.com（谷工房）
http://www.studio-kuku.com（スタジオKUKU）

テーブル工房kiki（代表:木村健治）
〒771-0206 徳島県板野郡北島町高房百堤外35-1
TEL 088-683-2010
http://www.t-kiki.co.jp
*12,14

戸田直美（potitek）
〒605-0981 京都市東山区本町12-218 T-room
TEL 075-532-0906
http://potitek.com

橋本裕（スタジオユタカ）
〒350-0231 埼玉県坂戸市泉町3-11-7-103
http://studioyutaka.com

花塚光弘（あづ木クラフト）
〒399-8501 長野県北安曇郡松川村3363-1092
TEL 0261-62-7668
http://www.ne.jp/asahi/azuki/craft/
*6

平山和彦・真喜子（平山日用品店）
〒611-0041 京都府宇治市槇島町十八52-7
TEL 0774-22-3144
https://hirayama-ten.com
*9

桧皮奉庸（桧皮椅子店）
〒651-1511 神戸市北区長尾町宅原353-7
TEL 078-986-3880
https://www.hiwaisuten.com

深見昌記（深見木藝）
〒453-0832 名古屋市中村区乾出町3-26
TEL 052-482-1200
http://fukamimasaki.com

藤井慎介
〒410-1107 静岡県裾野市御宿168-2
TEL 055-992-5638

取扱店リスト

この本に掲載したスツールなどを販売しているショップやギャラリーです。

掲載作品が常備されていない場合もありますので、在庫状況などについては各店へご確認ください。

*は、扱っている作品の作家名 2018年1月現在のデータ

1）旭川デザインセンター
〒079-8412 北海道旭川市永山2条10丁目
TEL 0166-48-4135
http://www.asahikawa-kagu.or.jp/center/
*宮地鎮雄

2）暮らしのクラフトゆずりは
〒018-5501 青森県十和田市大字奥瀬字十和田湖畔休屋486
TEL 0176-75-2290
http://www.yuzuriha.jp
*和山忠吉

3）木っこでこせる別館
〒025-0304 岩手県花巻市湯本1-125-25-1
TEL 0198-27-4810
*和山忠吉

4）sonorite'
〒301-0816 茨城県龍ヶ崎市大徳町3836-2
TEL 0297-75-6710
http://sonorite.exblog.jp
*杉村徹

5）宙（SORA）
〒152-0003 東京都目黒区碑文谷5-5-6
TEL 03-3791-4334
http://tosora.jp
*杉村徹

6）あづ木クラフト
〒399-8501 長野県北安曇郡松川村3363-1092
TEL 0261-62-7668
http://www.ne.jp/asahi/azuki/craft/
*花塚光弘

7）季の雲
〒526-0031 滋賀県長浜市八幡東町211-1
TEL 0749-68-6072
http://tokinokumo.com
*杉村徹

8）gallery - mamma mia（ギャラリー マンマ・ミーア）
〒520-3305 滋賀県甲賀市甲南町野川835
TEL 0748-86-1552
http://mammamia-project.jp
*川端健夫

9）平山日用品店
〒611-0041 京都府宇治市槇島町十八52-7
TEL 0774-22-3144
https://hirayama-ten.com
*平山和彦・真喜子

10）うたたね
〒540-0029 大阪市中央区本町橋5-2
TEL 06-6946-0661
http://www.utatane-furniture.com
*山極博史

11）TIMELESS
〒662-0076 兵庫県西宮市松生町5-9 夙川アネックスII
TEL 0798-71-3717
http://www.timeless-kobe.jp
*坂本茂

12）Jクオリア
〒659-0067 兵庫県芦屋市茶屋之町10-7 La Casa Verde 1F
TEL 0797-32-1010
http://www.j-qualia.jp
*菊地聖、高橋三太郎、テーブル工房kiki

13）くらしのギャラリー本店
〒700-0977 岡山市北区問屋町11-104
TEL 086-250-0947
http://okayama-mingei.com
*松本行史

14）テーブル工房kiki
〒771-0206 徳島県板野郡北島町高房百堤外35-1
TEL 088-683-2010
http://www.t-kiki.co.jp
*テーブル工房kiki

木材（広葉樹材）を入手できる店

（ホームセンター、東急ハンズなどは除く）

少量であっても、アマチュアであっても、木材が購入できる店（木材会社を含む）を紹介します。広葉樹（ナラ、タモ、クルミなど）の材が購入できます。
各地のホームセンターでは、針葉樹のパイン、アカマツ、エゾマツや合板などの品揃えがそろっているところが多いです。
近所の材木屋さんでも、小さいサイズの板や端材を入手できる可能性があります。

2018年1月現在のデータ

武田製材・ビーバーハウス
〒519-2505 三重県多気郡大台町江馬158
TEL 0598-76-0023

馬場銘木
〒522-0201 滋賀県彦根市高宮町2043-5
TEL 0749-22-1331
http://www.babameiboku.jp

丸萬
〒612-8486 京都市伏見区羽束師古川町306
TEL 075-921-4356
http://maruman-kyoto.com

工房みたに
〒564-0053 大阪府吹田市江の木町8-20
TEL 06-6385-2908
http://www.kobo-mitani.com

大宝木材　アルブル木工教室
〒559-0026 大阪市住之江区平林北2-4-18
TEL 06-6685-3114
http://www.e-arbre.com

中田木材工業
〒559-0025 大阪市住之江区平林南1-4-2
TEL 06-6685-5315
http://www.i-nakata.co.jp

りある・うっど（OGO-WOOD）
〒599-8234 大阪府堺市中区土塔町2225
TEL 072-349-8662
http://www.ogo-wood.co.jp

府中家具工業協同組合
〒726-0012 広島県府中市中須町1648
TEL 0847-45-5029
https://wood.shop-pro.jp

ホルツマーケット
〒830-0211 福岡県久留米市城島町楢津1113-7
TEL 0942-62-3355
http://holzmarkt.co.jp

木心庵（きしんあん）
〒062-0905 札幌市豊平区豊平5条6丁目1-10
TEL 011-822-8211
http://www.kishinan.co.jp

ウッドショップ木蔵
〒080-0111 北海道河東郡音更町木野大通東8-6
TEL 0155-31-6247
http://kikura.jp

鈴木木材
〒043-1113 北海道桧山郡厚沢部町新町127
TEL 0139-64-3339
http://suzuki-mokuzai.com

きこりの店　ウッドクラフトセンターおぐら
〒967-0312 福島県南会津郡南会津町熨斗戸544-1
TEL 0241-78-5039
http://www.lc-ogura.co.jp

ウッドショップ関口
〒370-2601 群馬県甘楽郡下仁田町下仁田476-1
TEL 0274-82-2310
http://www.wood-shop.co.jp

もくもく
〒136-0082 東京都江東区新木場1-4-7
TEL 03-3522-0069
http://www.mokumoku.co.jp

木の雑貨Tree Nuts（ツリーナッツ）
〒130-0021 東京都墨田区緑1-9-6
TEL 03-5638-2705
http://tree-nuts.com

何月屋銘木店
〒195-0064 東京都町田市小野路町1144
TEL 0427-34-6155
http://www.nangatuya.co.jp

ウッドショップ　シンマ
〒427-0041 静岡県島田市中河町250-3
TEL 0547-37-3285
http://www.woodshop-shinma.com

岡崎製材　リビングスタイルハウズ
〒444-0842 愛知県岡崎市戸崎元町4-1
TEL 0564-51-7700
http://hows-okazaki.com

用語解説

この本の中に出てくる言葉で、木工関係などの用語について解説します（五十音順）。

【アール】

円弧、曲線のこと。「アールを出す」などの表現をすることが多い。

【笠木】（かさぎ）

椅子の背もたれ上部につける横木。元々は、鳥居や門などの上に渡してある横木のこと。ハンス・ウェグナーの代表作「ザ・チェア」は、背から肘にかけての笠木の美しいラインに特徴がある。この笠木は、3つの部材をフィンガージョイントという方法で接いで作られている。

【木取り】（きどり）

原木や木材から、必要な大きさの形や寸法に切り出すこと。

【合板】（ごうはん）

原木から薄くむいた板（単板と呼ぶ）を、何枚も積み重ねて接着させた一枚板のこと。通常は、単板ごとに木目方向を直交させながら奇数枚数を貼り合わせる。表面材と中にはさまれた芯材は、種類の異なることが多い（例：表面はシナで芯はラワン）。表面材も芯材も同じ樹種を使ったものは、共芯（ともしん）合板という。p122の「はるひスツール」は、シナ共芯合板を使用。

【木口】（こぐち）

丸太などの中心軸に対して直角に切った横断面（木材の繊維方向に直角に切った切り口の面）のこと。

【逆目】（さかめ）

木目に逆らって鉋などで材を削った際に引っかかる、目の方向。

【シェーカー家具】

シェーカー教徒がつくり出した、シンプルで機能性を重視した家具。真摯なものづくりの姿勢が感じられることや、余分な装飾がない「用の美」ともいえるデザインなどから、日本の木工作家で影響を受けている人は多い。なお、シェーカー教は、キリスト教プロテスタントの一派であるクエーカー教の一宗派。米国東海岸で18世紀後半から活動が始まり19世紀半ばに最盛期を迎えた。共同体の中で自給自足をしながら質素な生活を営んでいたが、現在、教団は消滅している。

【墨付け】（すみつけ）

木取りなどの際に、墨つぼやえんぴつなどを使って木材に切り出す線や印をつけること。

【畳摺り】（たたみずり）

椅子や机などの脚の下につけて、畳の損傷を防ぐための横木。

【接ぎ手】（つぎて）

二つの部材を一つにまとめる仕掛けの総称。p38のスツール製作の脚と側板の接合やp132の木馬の枠組みは、「包み打ち付け接ぎ」（欠き込み打ち付け接ぎ）という。

【妻手】（つまで）

長方形の板や枠組みで、短い方のことをいう。長い方は、長手（ながて）と呼ぶ。

【テーパー】（taper）

物の端に向かって次第に細くしていく（なっていく）こと。木工関係者は、「脚にテーパーをかける」などの言い方をする。

【貫】（ぬき）

部材を横につないで補強する部材。椅子やテーブルでは、脚をつなぐ部材のことを指す。

【端材】（はざい）

製材や木工作業などで切り落とされたりして出る、寸法や形が中途半端な材。

【拭き漆】（ふきうるし）

生漆（きうるし）を刷毛や布で木地に摺りこみ、余分な漆を拭き取ってから乾燥させる。この基本となる作業を何回か繰り返して仕上げていく方法。「摺り漆（すりうるし）」ともいう。

【ホゾ】

部材の組み手加工でつくる凸形の部分。凹形はホゾ穴という。

【幕板】（まくいた）

机の天板や椅子の座と脚の上部をつなぎ補強する部材。

【面取り】（めんとり）

部材の角や接合面を、鉋、ノミ、サンドペーパーなどで削り落として滑らかにすること。面取りをきっちりやることで、作品全体がきれいに仕上がる。

【ろくろ】

回転を利用して仕事をすることの総称。狭義では、軸の一端に木材を固定させ、軸を回転させながら刃物を当てて材を削り、お椀などの木地をつくる機械のこと。

道具解説

「つくってみませんか」ページで使う工具を中心に、いくつか木工関係の道具について解説します（五十音順）。

【糸ノコ盤】

手道具の糸ノコの電動タイプ。細かな曲線を切る、窓をあけるなどの作業に適している。刃は折れやすいので注意すること。

【クランプ】

材を固定するための締め付け道具。木材を切断する際に動かないようにする、接着面を押えるなどの作業に欠かせない。ＣクランプやＦクランプなど、大きさや形の異なるタイプがあり、ホームセンターで数百円から購入できる。１００円ショップで販売しているところもある。

【削り馬】（シェービングホース）

木を削る作業に使う。作業者が削り馬に座って踏み板を足で押えると、てこの原理で材をがっしりと固定することができる。固定した材は銑などの刃物で削っていく。英国で伝統的に使われてきた。グリーンウッドワークには必須の道具。

【罫引き】（けびき）

木材に平行線を引く、薄い刃先の付いた道具。

【玄能、玄翁】（げんのう）

ノミの頭をたたく、釘を打つ、などの作業に用いられる工具。鉄製の頭の部分は、両面または片面に打撃面がある。両面タイプ（両口玄能）の片面は平ら。反対面はやや丸みを帯びており、木殺し面とも呼ばれる。打撃面の輪郭の形状には、円形、楕円形、八角形などの種類がある。一般的に玄能といえば、両口玄能のことを指す場合が多い。

【小刀】（こがたな）

ナイフ。一般的に小刀といえば、刃が幅広くて斜めになっている「切り出し小刀」を指すことが多い。材の角や曲線を削るのに適している。よく使う刃物だけに、取り扱いには十分気をつけること。刃を削る方向（進行方向）には、絶対に手をおかない。ホームセンターでは、「クラフトナイフ」や「カービングナイフ」という名称の小刀も購入できる。

【サンドペーパー】

紙ヤスリ。紙や布に、細かい砂や石粉などを接着させたもの。目の粗さは「番手」という数字で表す。数字の前には「＃」の記号をつける。小さい数字のほうが粗く、数字が大きくなるにしたがって目は細かくなる。例えば＃４００は、木地仕上げの最終仕上げに使われることが多い。

【スコヤ】

金属製の直角定規。材の直角の確認や面の凹凸を調べるのに用いる。

【銑】（せん）

両側に持ち手の付いた刃物。木工の際には引いて使う。樽や桶づくりの際に、鉋の代わりに用いる。削り馬を使って材を削る場合、銑を引いて作業することが多い。

【留め定規】（とめじょうぎ）

「留め」とは木工の接ぎ手の一つで、直角を45度ずつに分けて合わせること。留め定規は、部材の一定角度（45度など）を測る縁付きの定規。

【トリマー】

先端に取り付けたビット（刃）を高速回転させることで、部材を切削する電動工具。ノミや鉋で行う手作業を電動で早くできる。

【ドリルスタンド】

電動ドリルを固定して垂直に移動させ、穴あけ加工する道具。材料に直角の穴をあけるのに重宝する。

【南京鉋】（なんきんがんな）

両手持ちの小鉋。反り台鉋の一種で、鉋の台は丸みがついており、材の側面の曲線削りに用いることが多い。

【ノコギリ】（鋸）

①両刃ノコ
両側に刃が付いている。片方は、材の木目方向（木材繊維の走行方向）に切る縦挽き用。もう一方は、木目と直角方向（木材繊維に対して直交）に切る横挽き用。

②胴付きノコ
薄くて歯形の小さい片刃のノコギリ。横挽き。細かい作業に向いている。

【ノミ】（鑿）

突いたり頭を叩いて、材を削る、穴をあけるなどの作業に用いる。大きさや形など多種類に及ぶが、大きくは以下の二つのタイプに分かれる。玄能で頭を叩いて使う「叩きノミ」と、手で突いて（押して）削る「突きノミ」。

【はたがね】

クランプと同様に、切断する木材や接着面を固定するための締め付け道具。

＊p38

パイン材でつくる、おしゃれな布座スツール

【加工図】単位：ミリ

脚

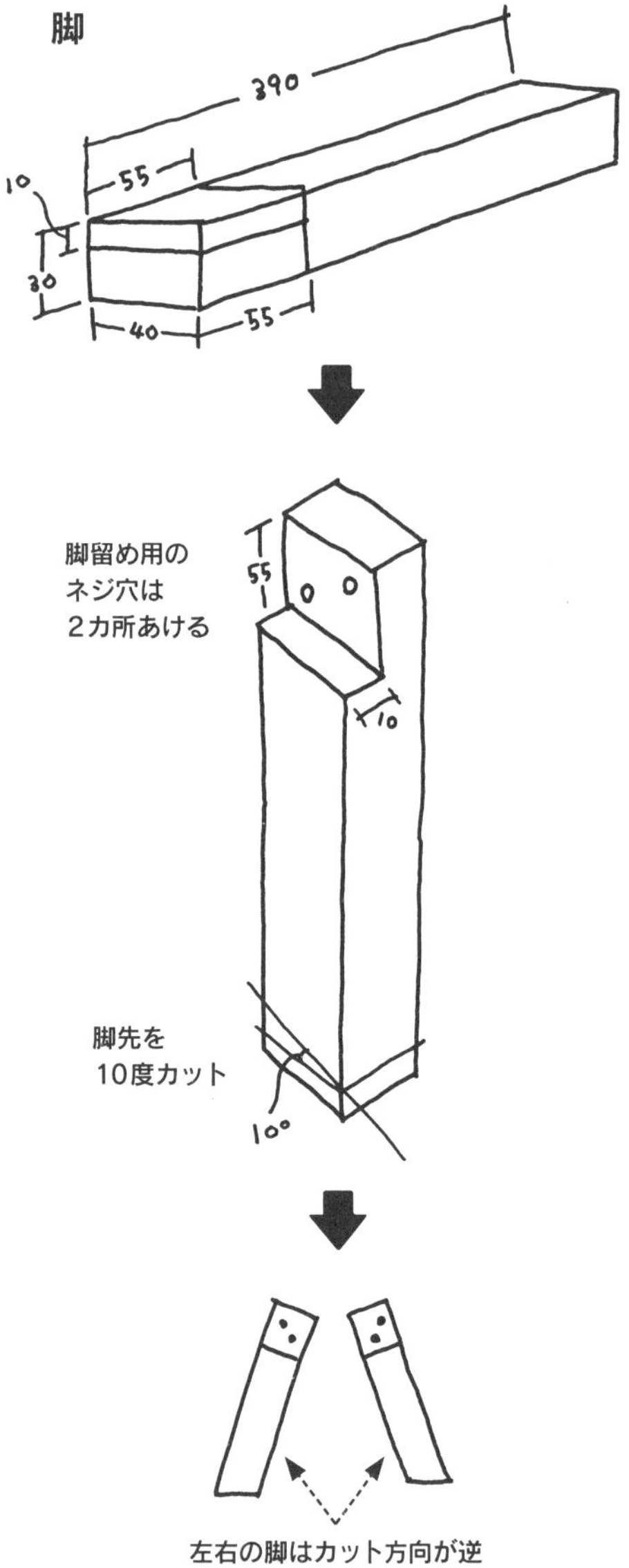

側板

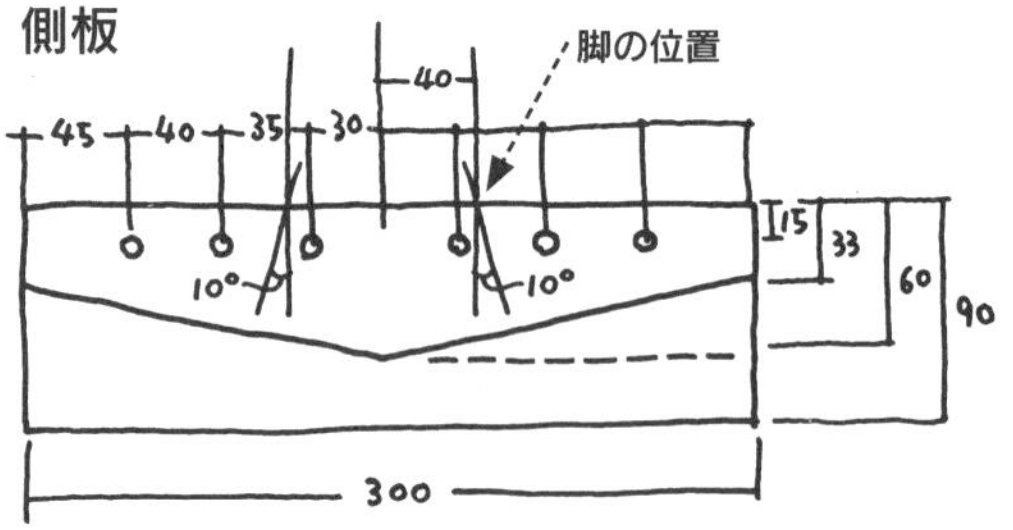

座板

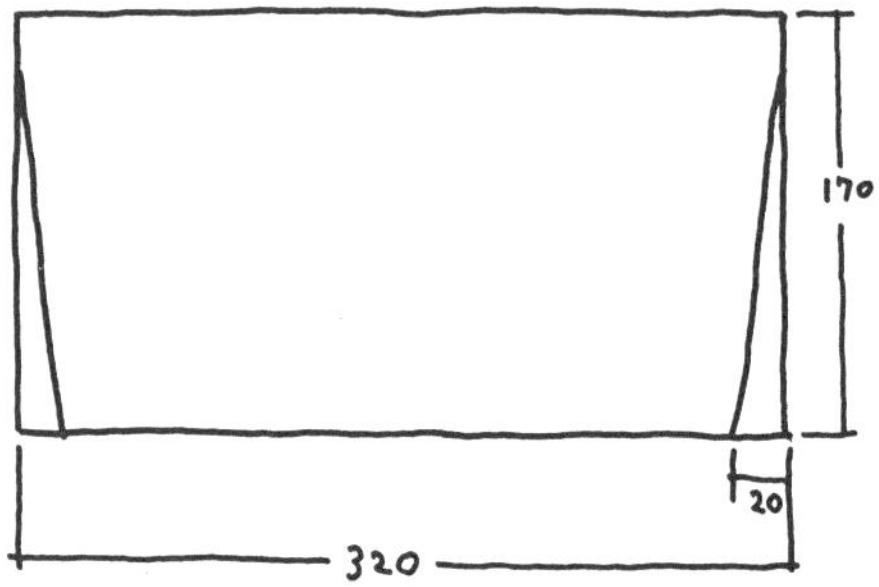

貫・Aタイプ

＊穴は1カ所

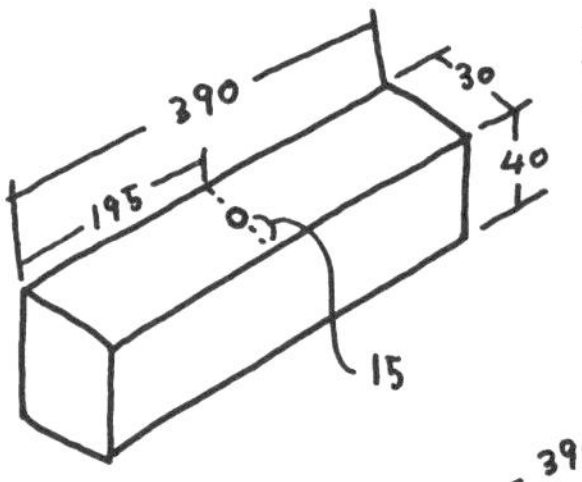

貫・Bタイプ

＊穴は2カ所

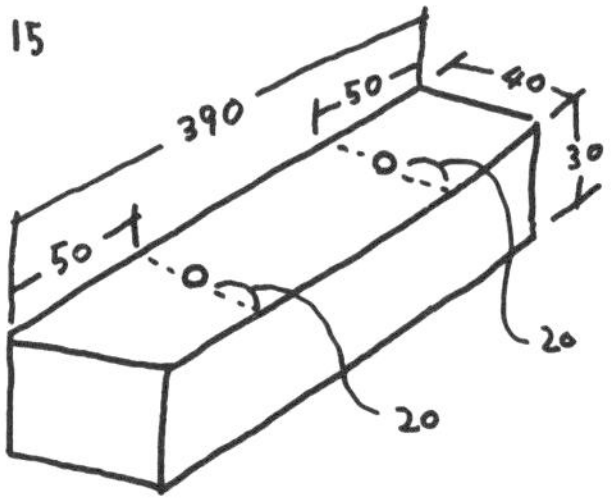

（注：ラフな図ですので、縮尺は統一されていません）

＊p72

3歳の息子のためにつくる小椅子

【図面】単位：ミリ

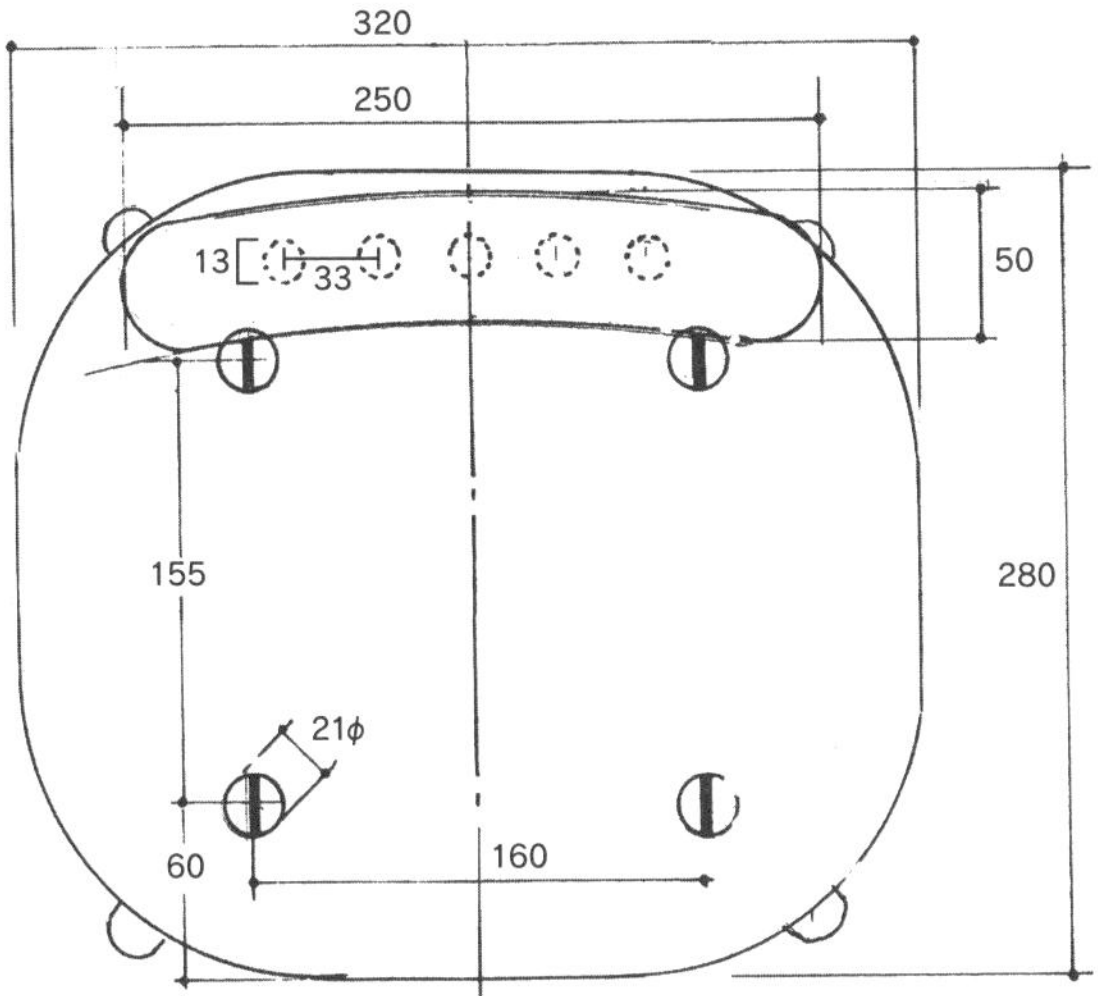

鉋台の墨付け

＊鉋台と側板の両方に墨付けしておく
（側板は、45度の角度と4ミリのところは不要）

＊寸法は大体の目安

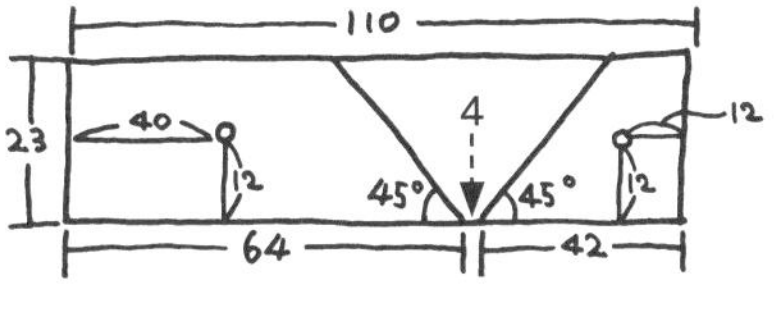

脚の上部の墨付け

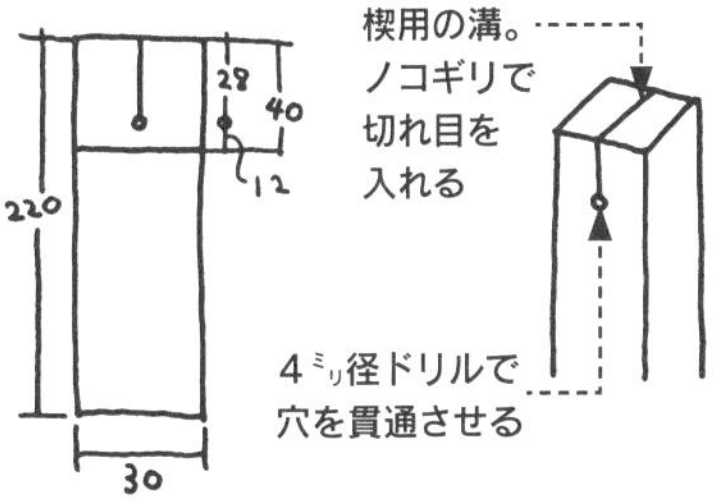

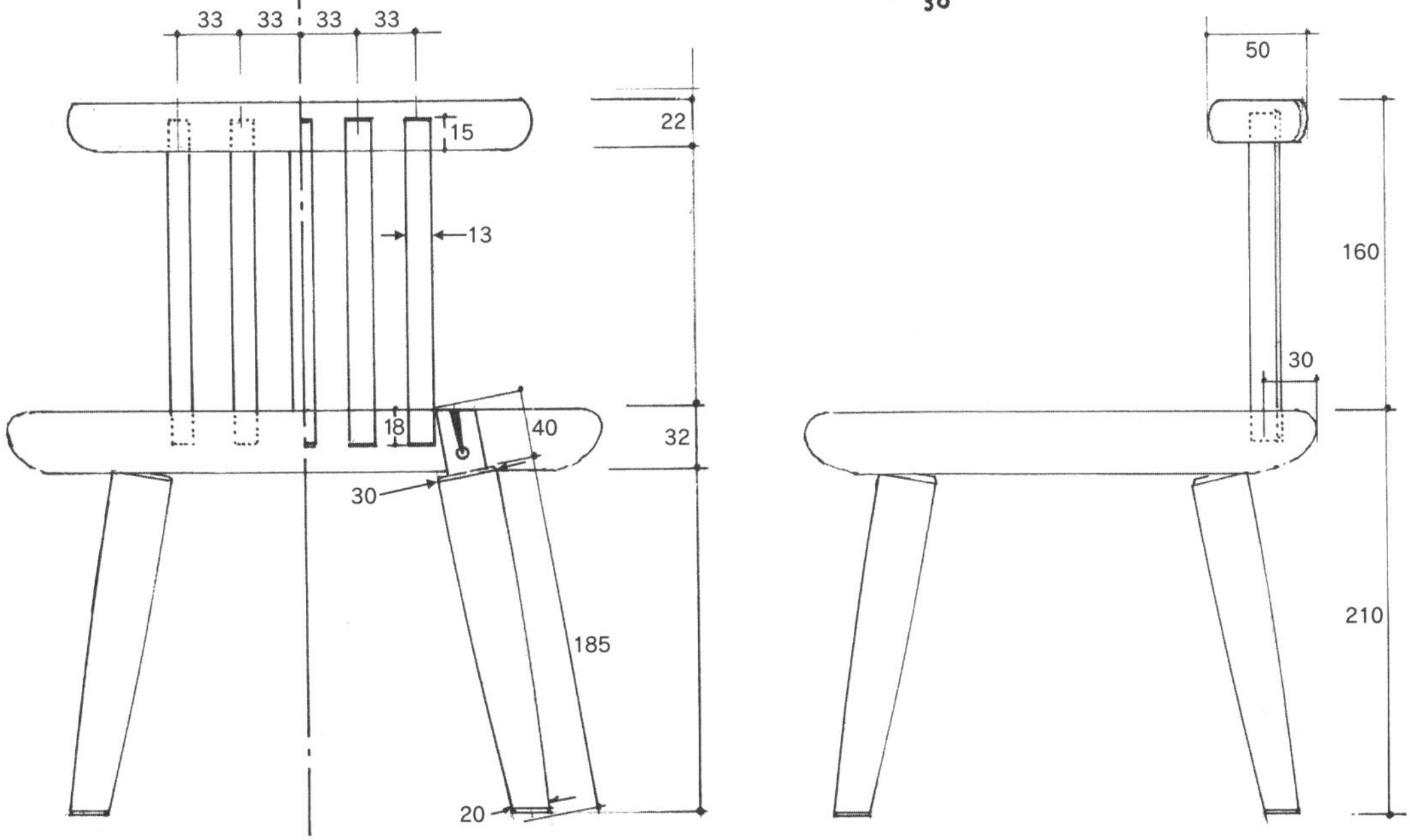

＊p66

学校椅子タイプのホゾ組み小椅子

【加工図】単位：ミリ

（注：ラフな図ですので、縮尺は統一されていません）

後脚

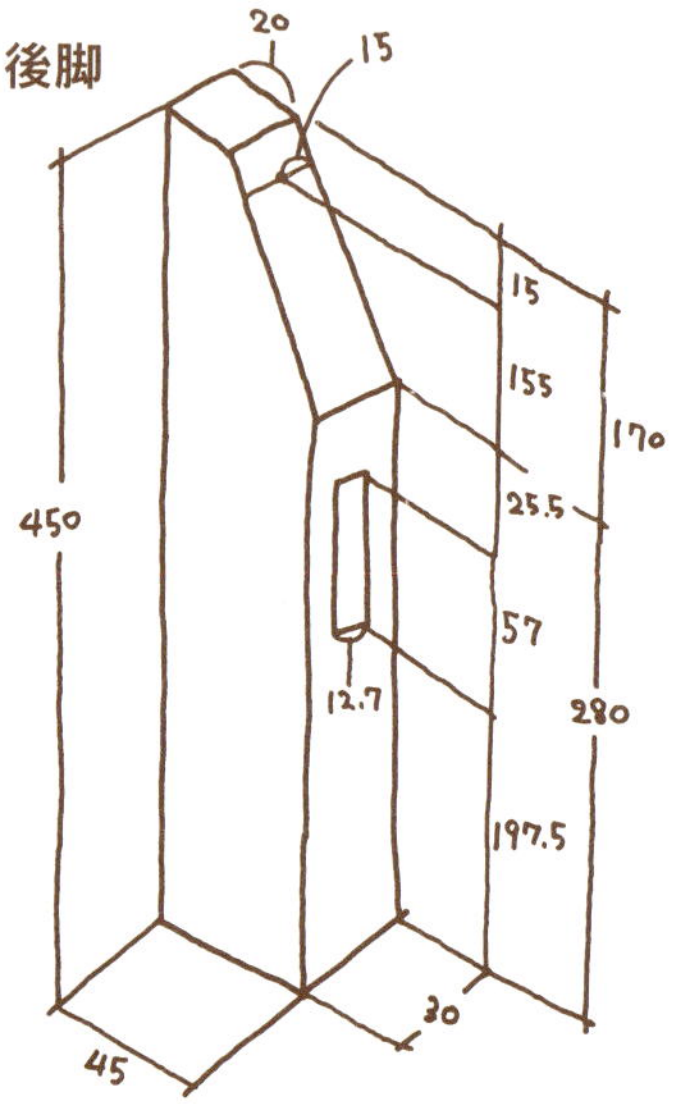

前脚

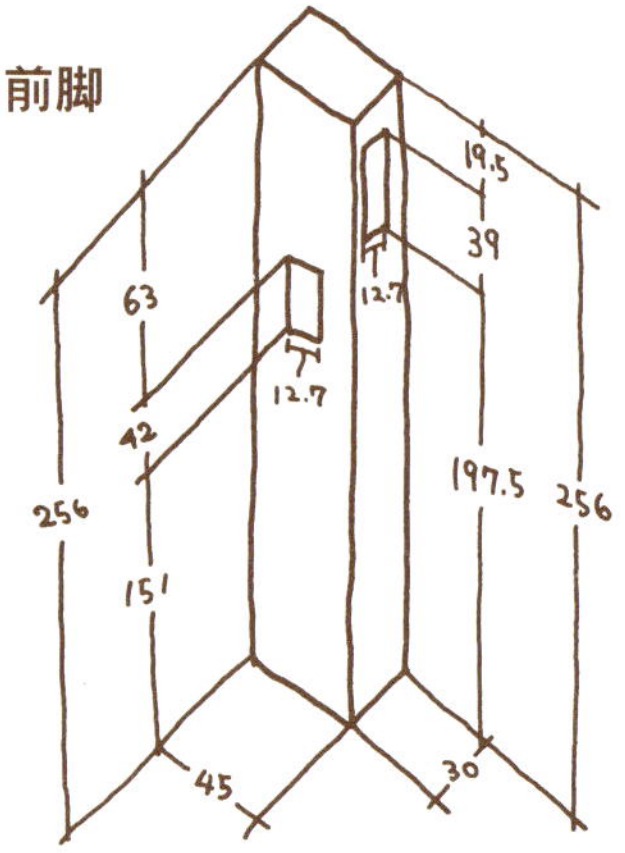

座板・背板

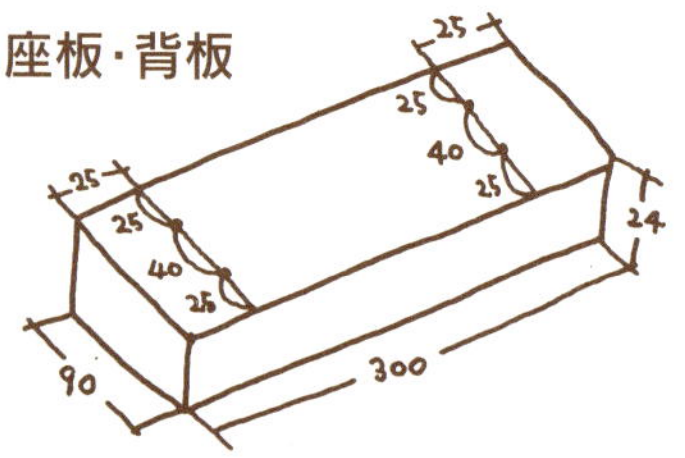

【木取り図】単位：ミリ

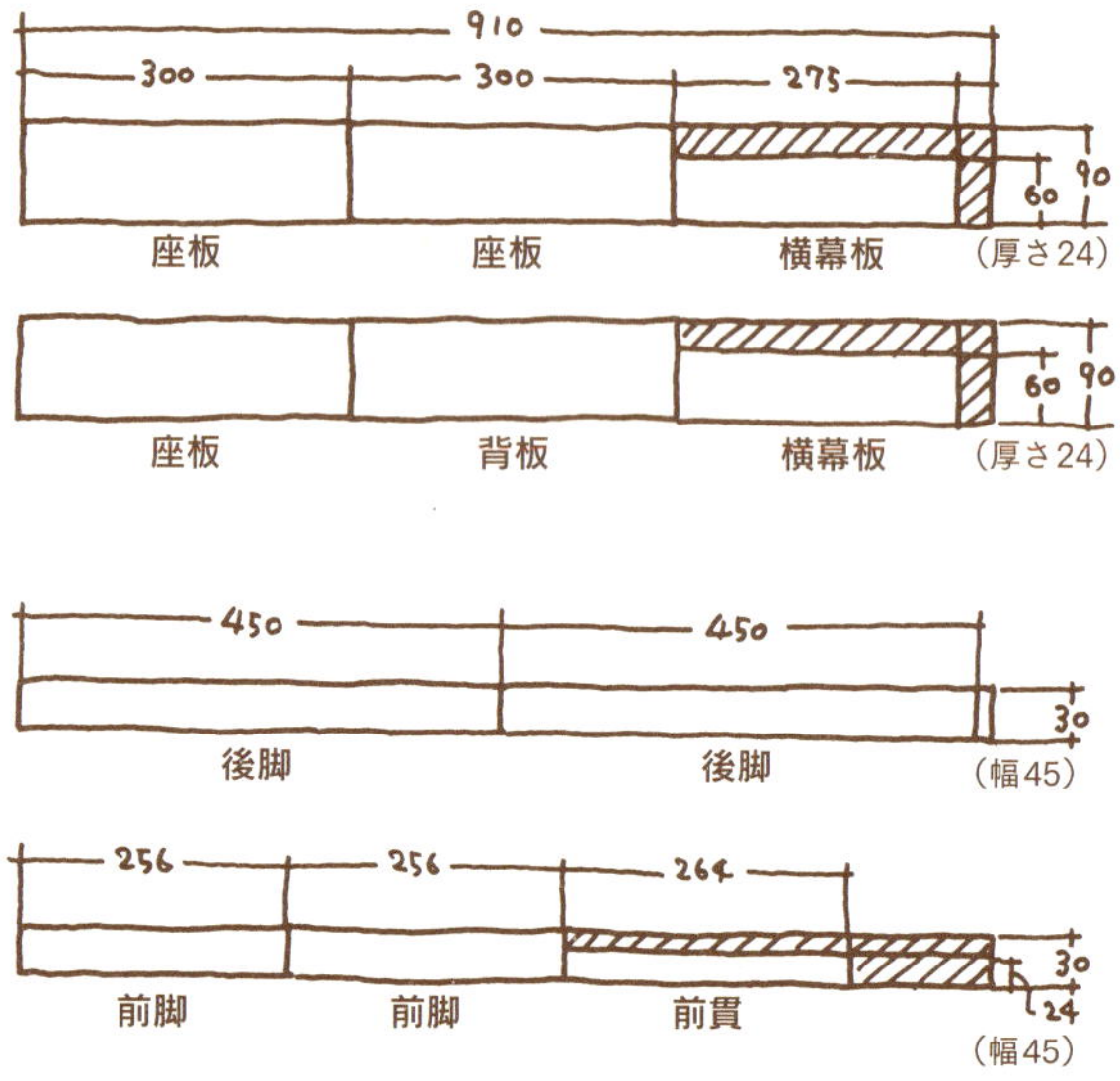

前貫

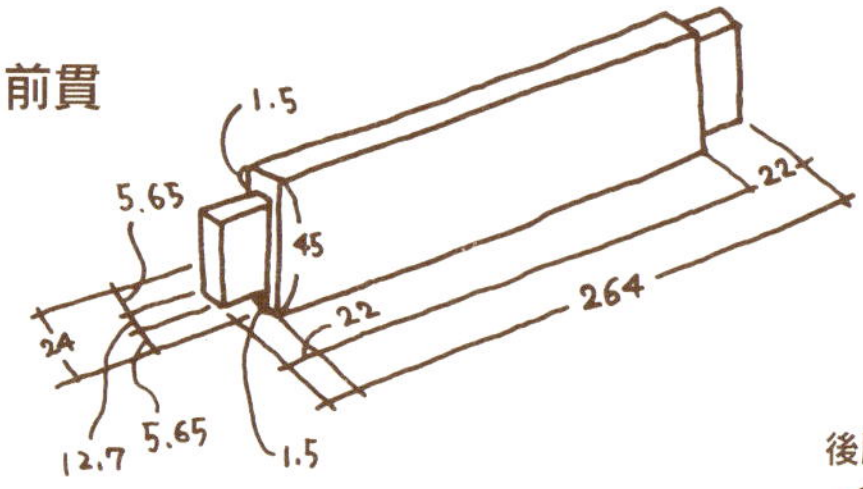

横幕板

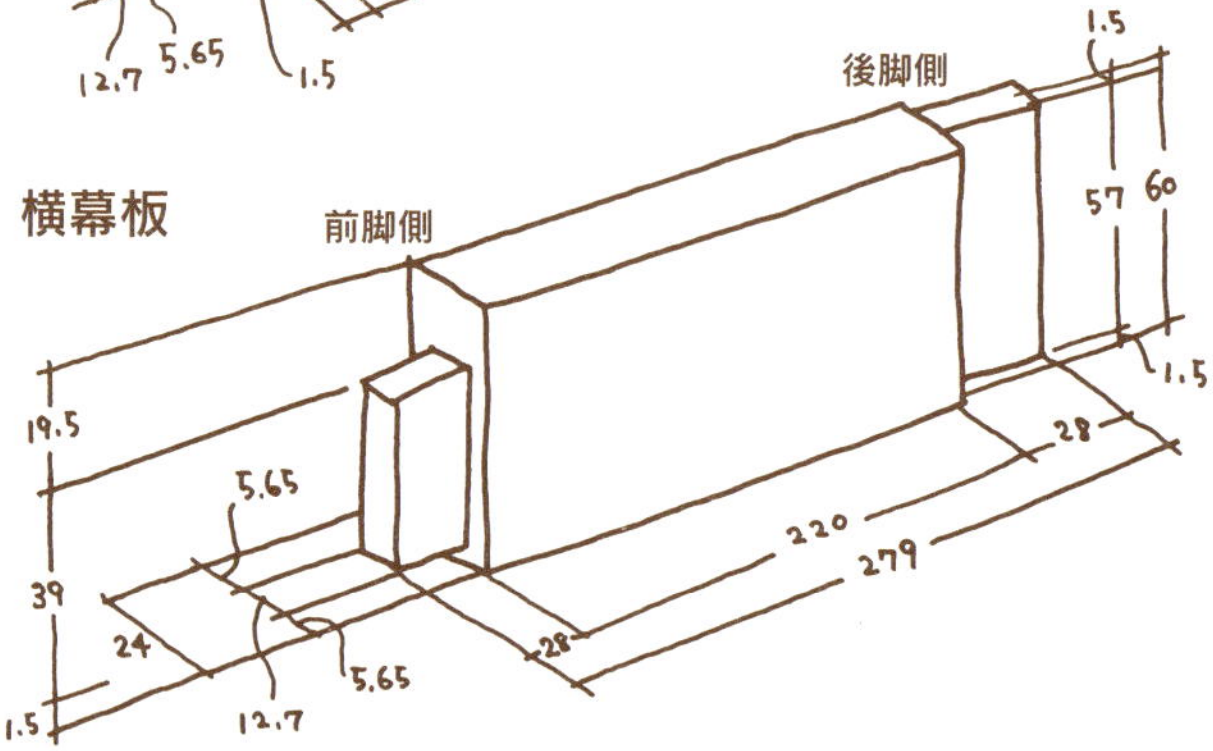

【図面】
単位:ミリ

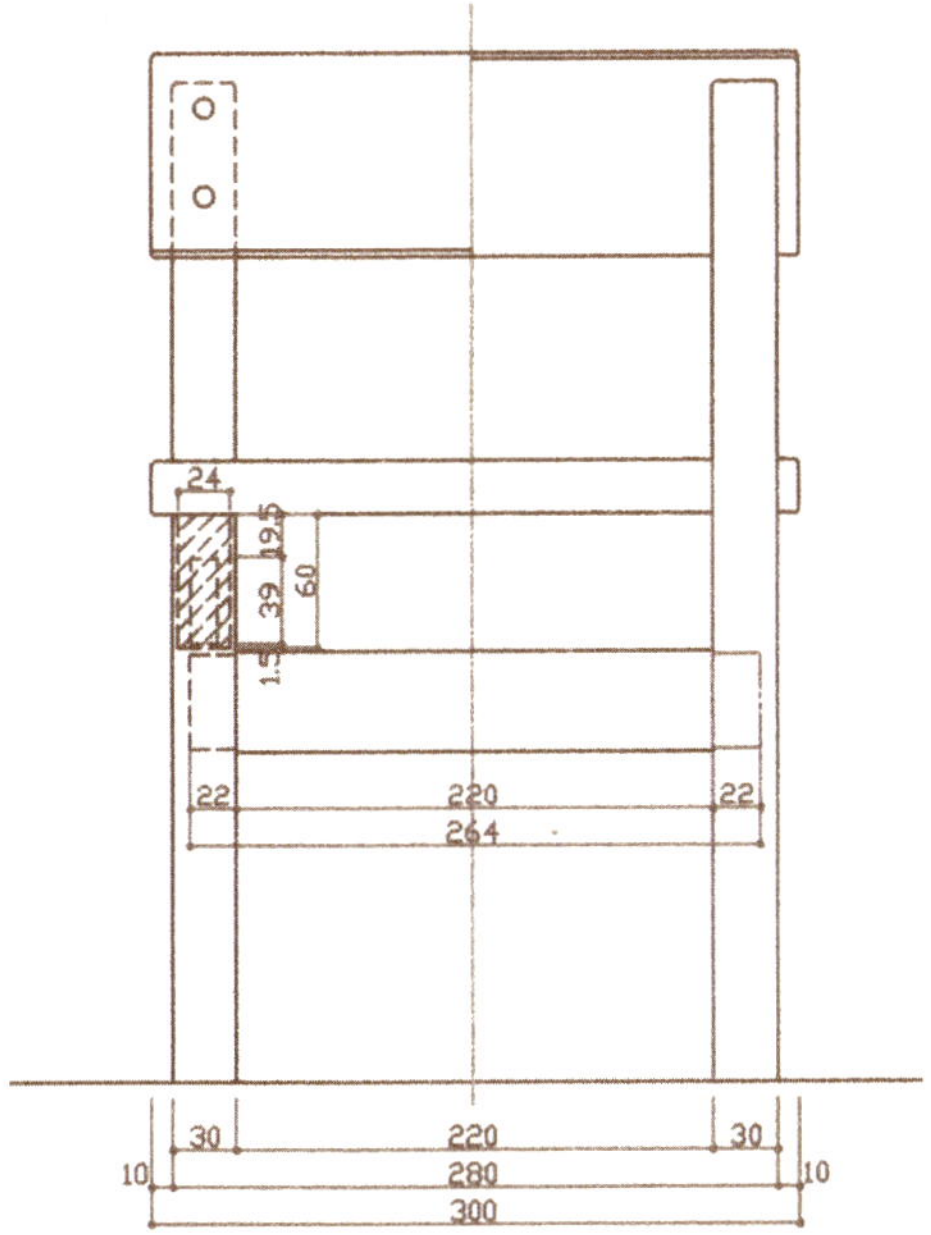
24
19.5
39
60
1.5
22
220
22
264
30
220
30
10
280
10
300

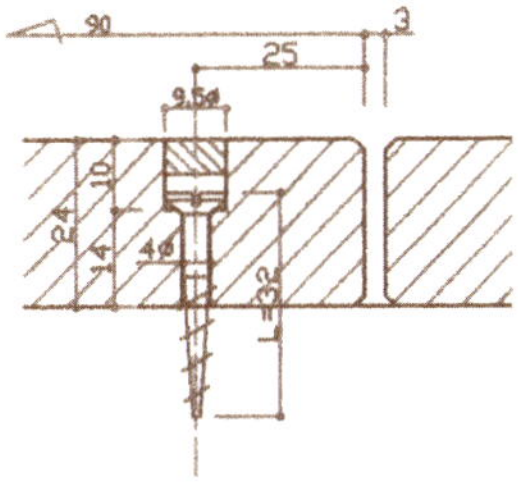
90
3
25
9.5φ
10
24
14
4φ
L=32

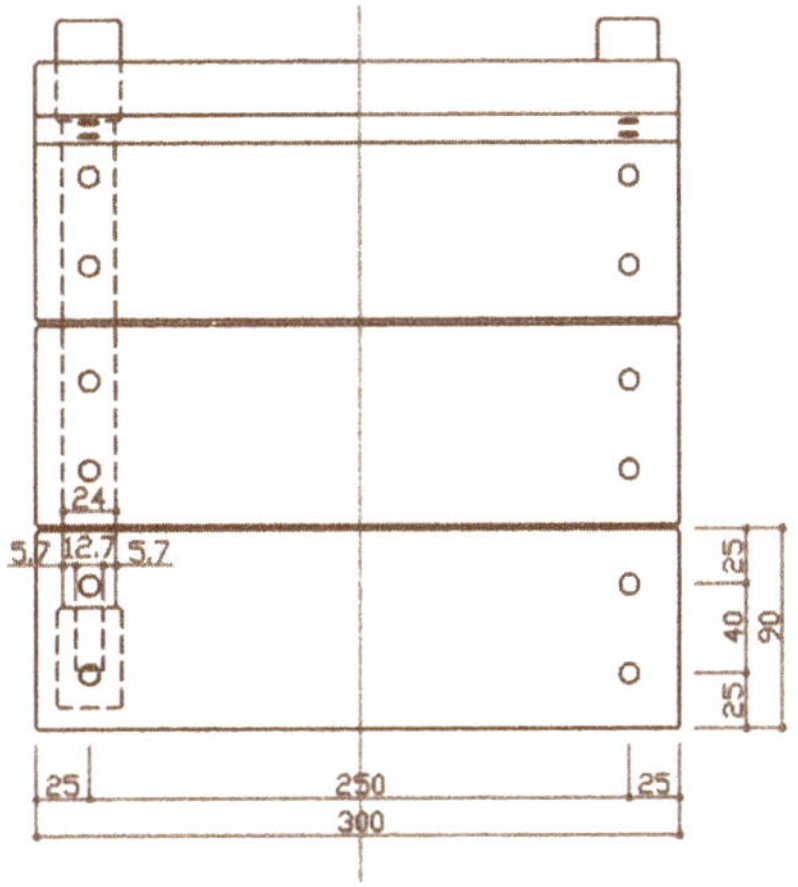
24
5.7
12.7
5.7
25
40
90
25
25
250
25
300

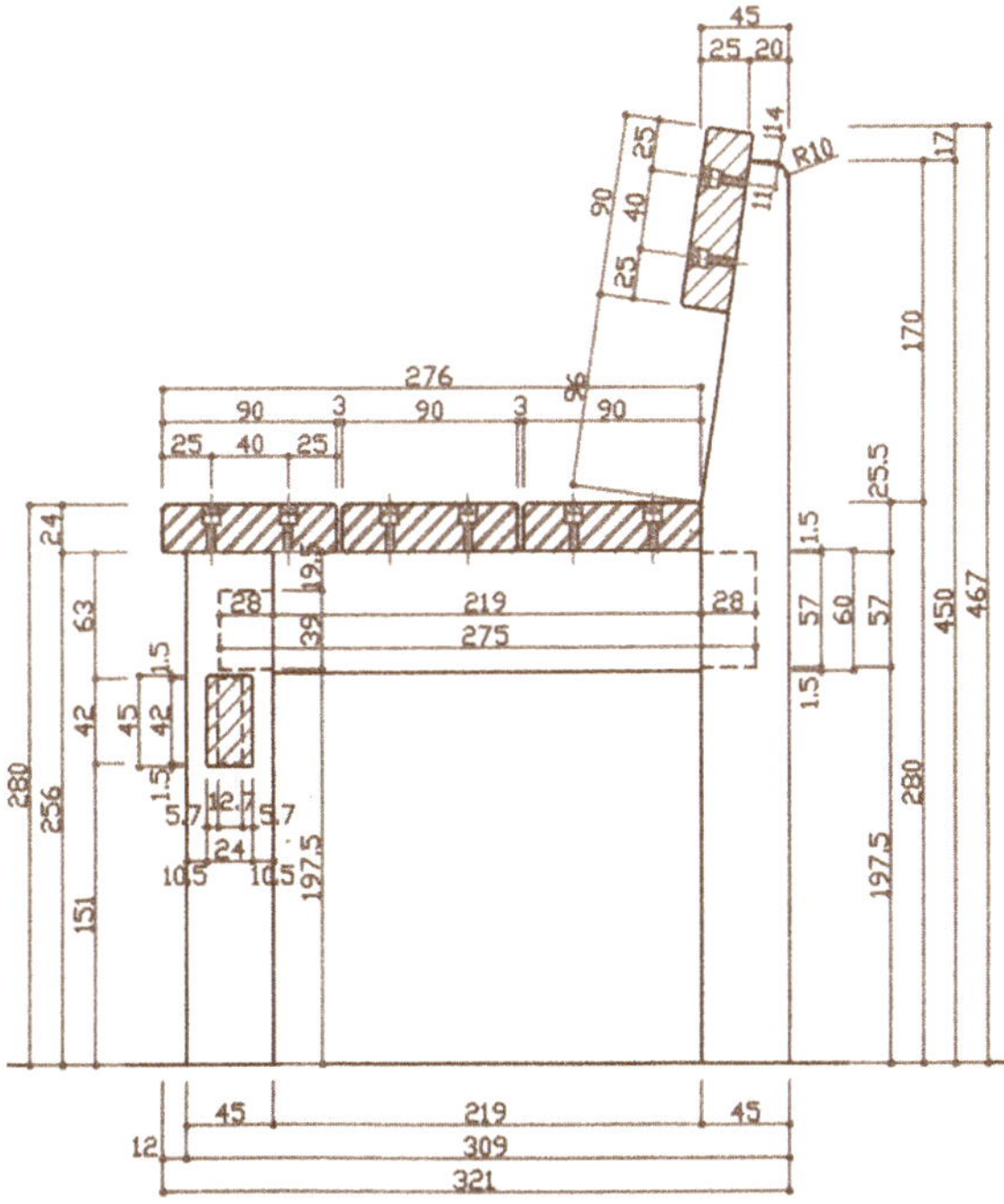
45
25
20
14
R10
11
17
25
40
90
25
276
90
3
90
3
96
90
25
40
25
25.5
170
24
63
1.5
19.5
28
219
28
275
39
1.5
57
60
57
1.5
450
467
42
45
42
1.5
5.7
12.7
5.7
24
10.5
10.5
197.5
197.5
280
280
256
151
45
219
45
12
309
321

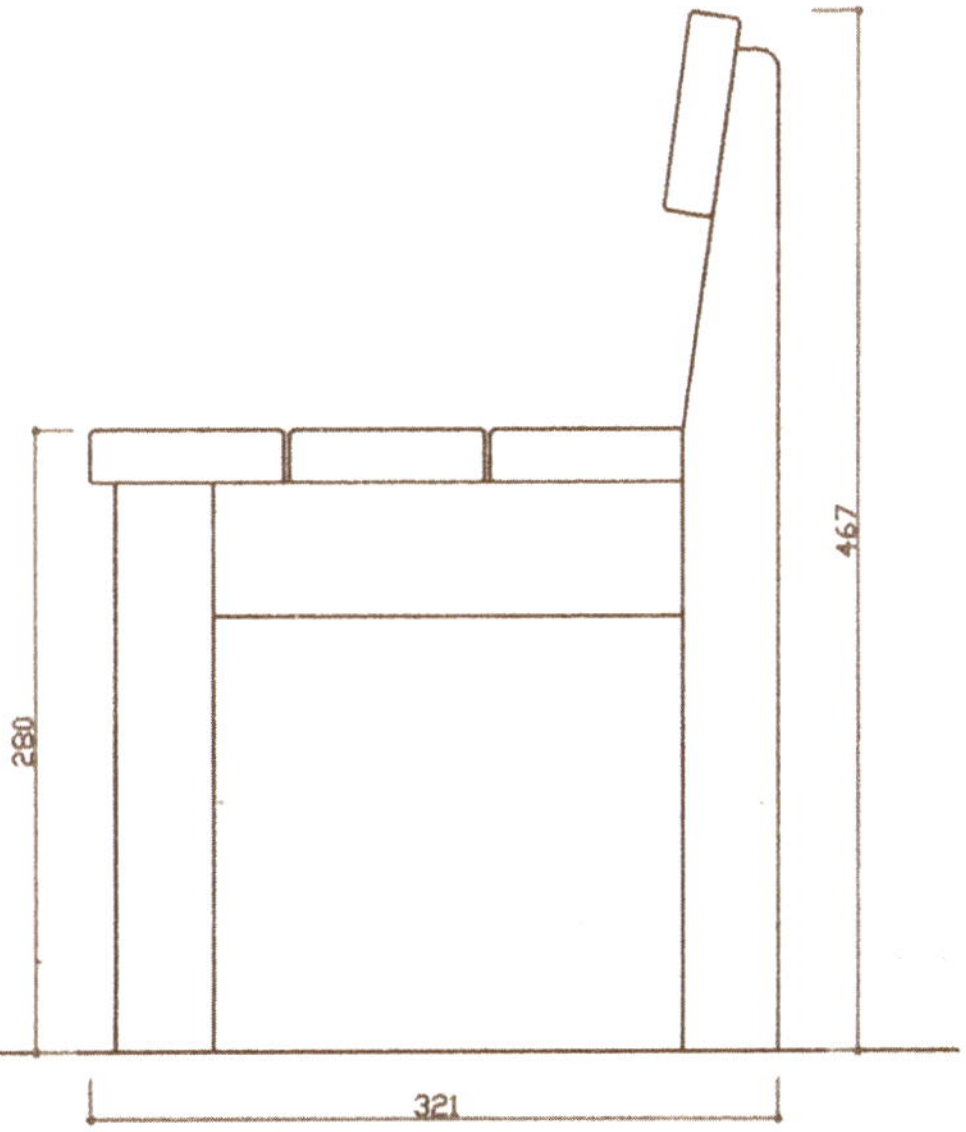
280
467
321

＊p108

おさんぽ椅子

【“8の字結び”の結び方】

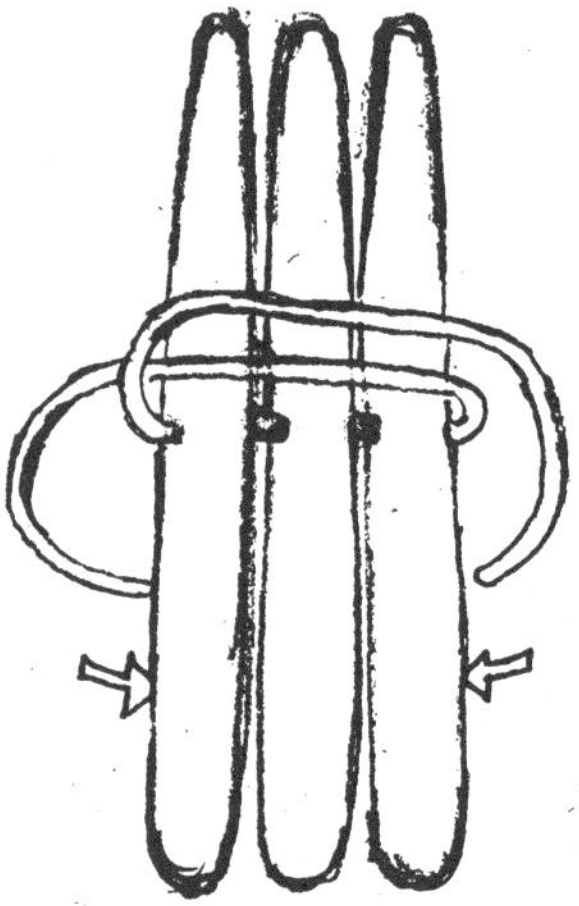

1 3本の棒の穴にひもを通し、ひもを裏側へくるっとまわす。

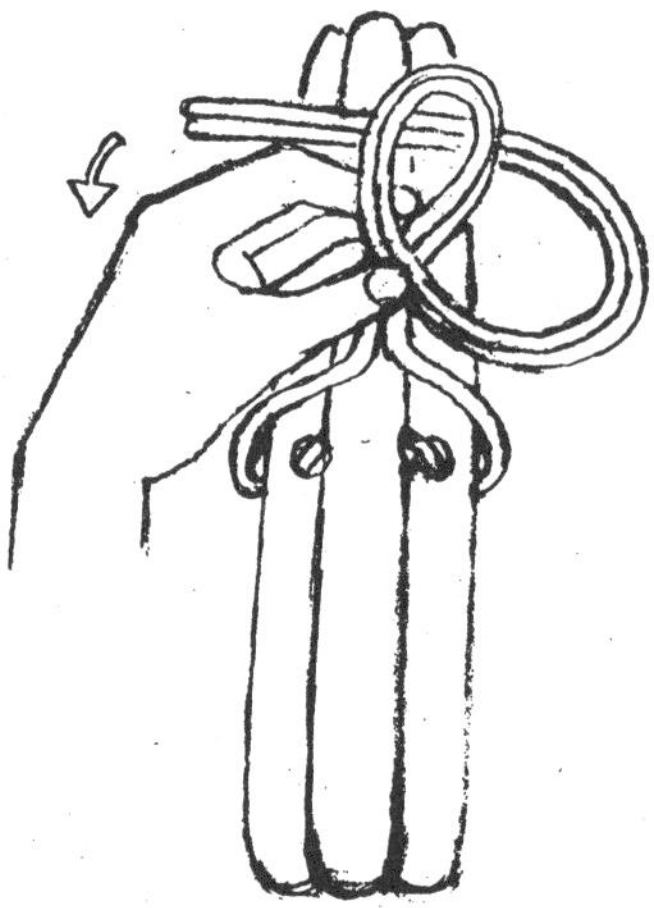

2 ひもを束ねて、左手で押さえながら輪っかをつくる。ひもの先を輪の裏へまわす。

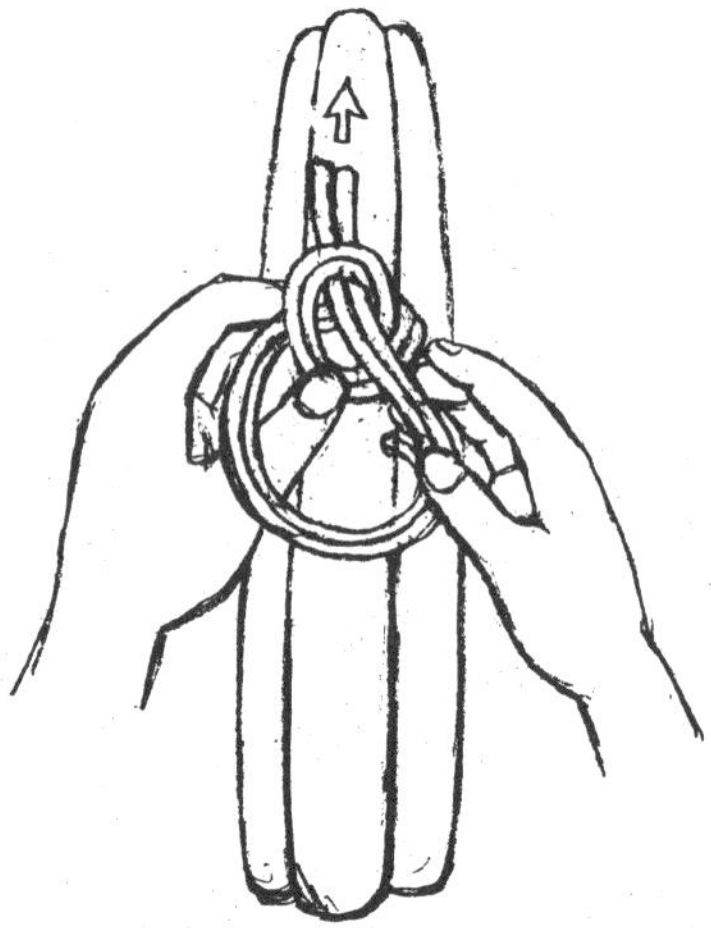

3 ひもを手前側から輪に通す。

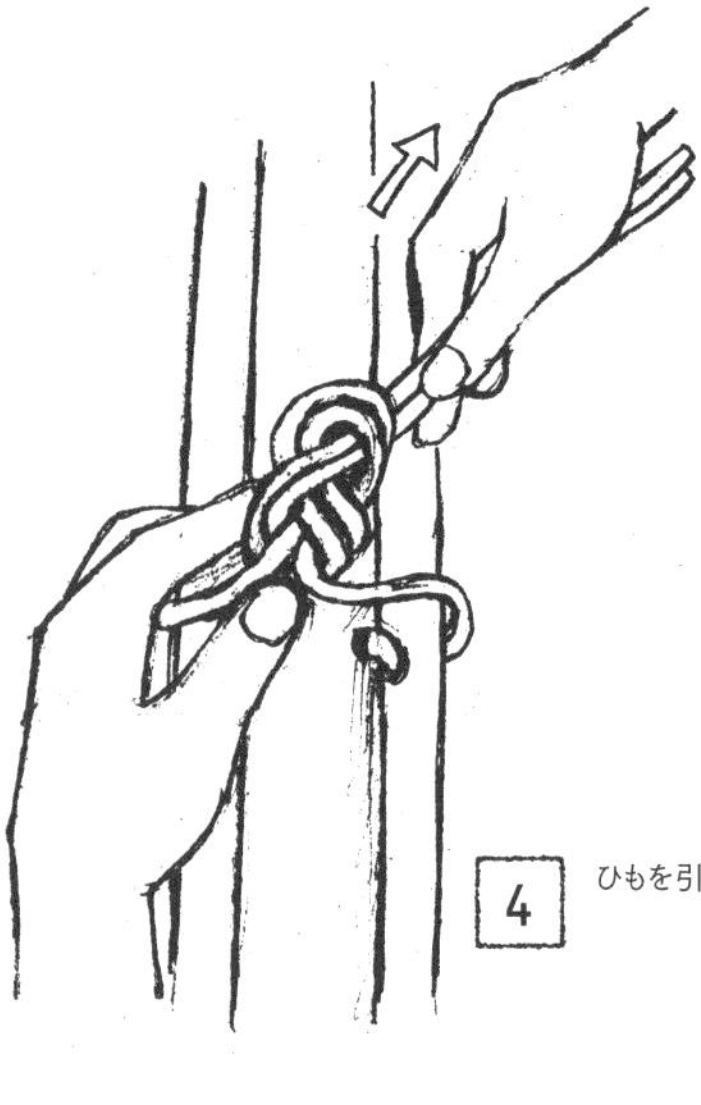

4 ひもを引っ張る。

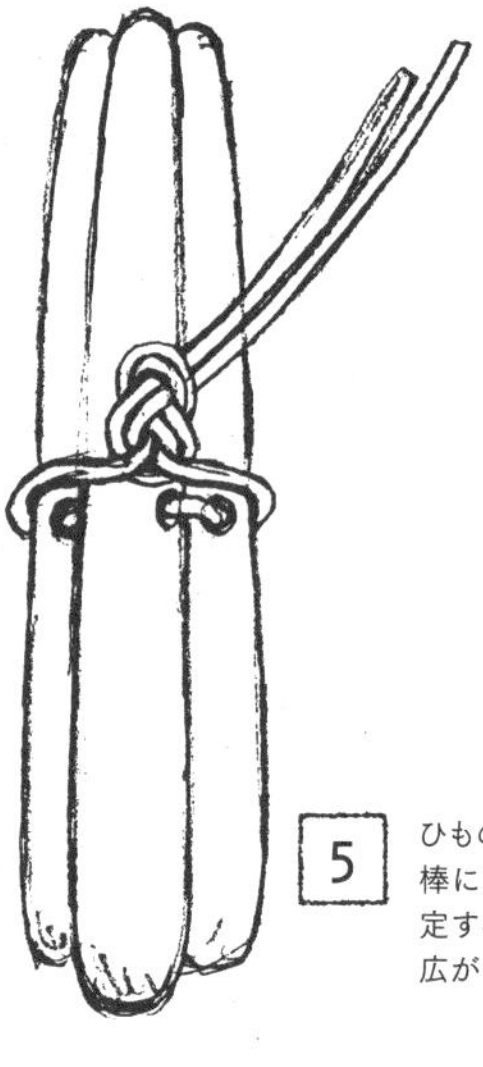

5 ひものねじれを直し、なるべく棒に近いところで結び目を固定する。ゆるすぎると3本脚が広がりすぎるので調整すること。

イラスト：戸田直美

＊p132

ロッキング木馬

【図面】単位：ミリ
＊5分の1スケール

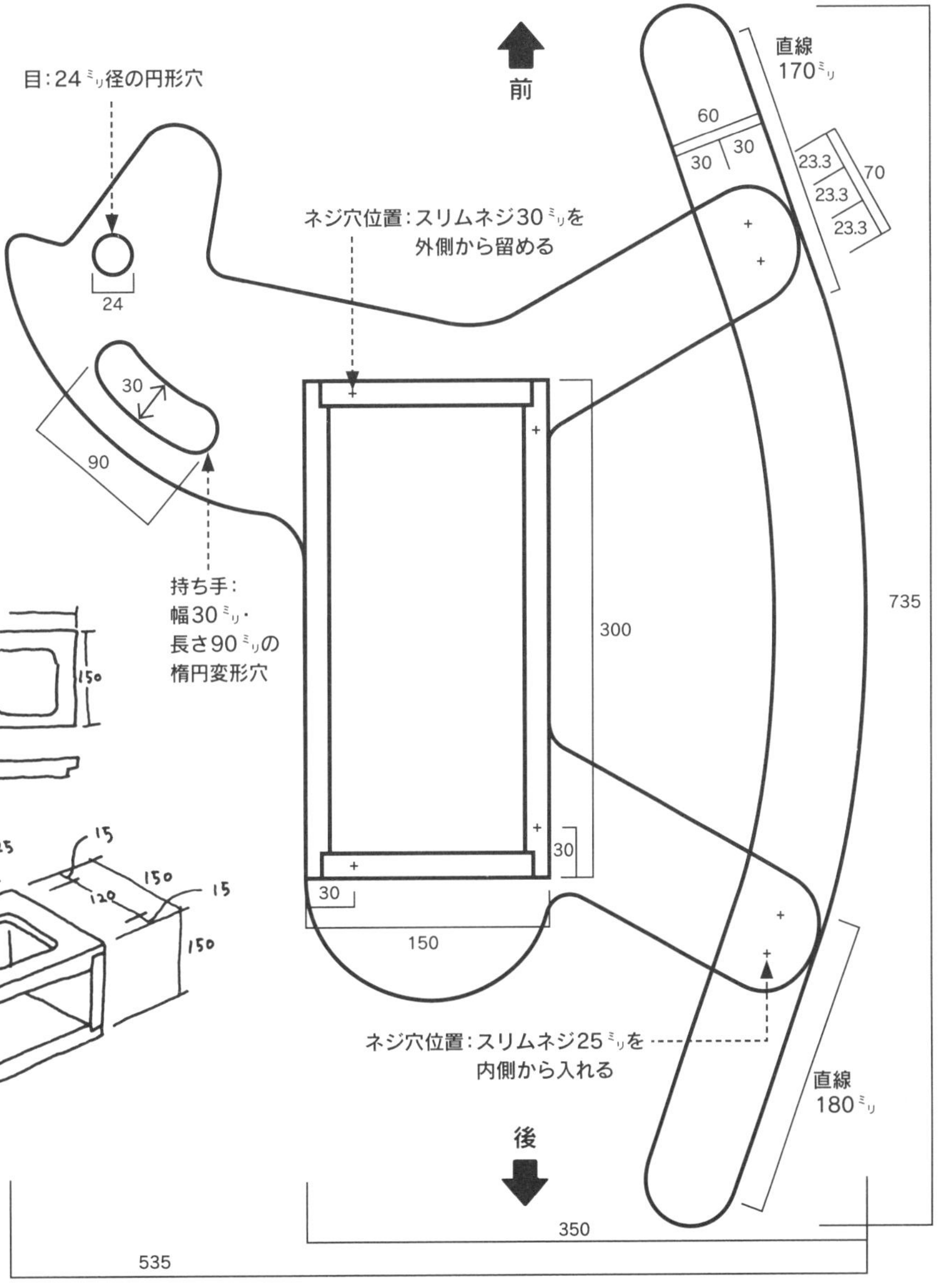

枠の加工図

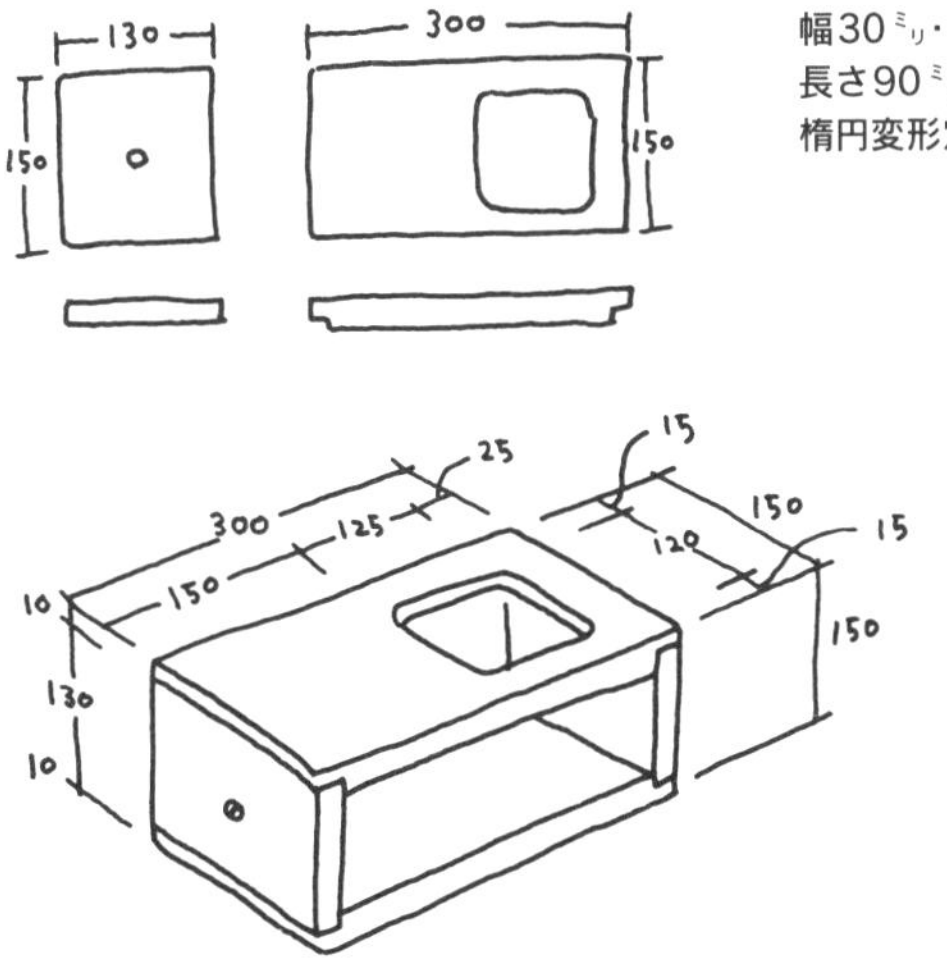

あとがき

「スツールって何?」

　知り合いのおじさんに「今度、スツールの本を出す」と話したら、きょとんとされました。

「よくあるでしょ。丸い座に脚が４本くらいついてて、屋台に置いてるやつ」と説明すると、「ああ、あれ。腰掛けのことかい」と納得してもらいました。スツールという言葉はまだ一般的には認知度は低いかもしれません。でも、その実物を見れば、みなさんよく目にしているものだし、日ごろから使っているという人がほとんどだと思われます。

　スツールの歴史をひもといてみると、古代エジプト時代から使われていたことが確認されています。それも、現代に通用するようなデザインと構造（例えば、X字の脚）で仕上げられたものが見受けられます。椅子文化が発達していなかった日本でも、戦場や狩場などでよく使われていた床机《しょうぎ》は、まさに折りたたみ式革（または布）座スツールです。

　さて、スツールの魅力とはどういうところにあるのでしょうか。場所をとらない。軽くて持ち運びやすい。折りたたみ式やスタッキングタイプ（積み重ね可能）のものなら、収納に便利。いろいろ思い浮かびますが、根本のところは何といっても、ちょっと座るのにちょうどいい道具だということです。今回、30名以上の木工作家さんの取材に出かけました。つくる立場の人から見ても、スツールは魅力あるものだなと感じています。そんなにも大きな構造物ではないけれど、アイデアがぎゅっと詰まって、それぞれのオリジナリティーが発揮されていました。固定概念を覆すような座面の形、特定の人物を想定したデザイン、木と異素材との組み合わせ、ロッキングタイプ……等々。

「スツール stool」という言葉について確認しておきます。現在、日本では、背もたれも肘掛けもなく座と脚だけの椅子が「スツール」とされています。英英辞典で stool の意味を調べて見ても、最初の項目に〝A type of chair without back and arm rests（背と肘掛けのない椅子の一種）〟と載っています。ただし、西洋では背もたれの付いた座具も「スツール」と呼ばれることがあります。英国では17世紀末ごろまで、背もたれと肘掛けの付いた椅子を「チェア chair」と呼び、肘掛けのない背もたれ付き座具を「バックスツール back stool」と呼んではっきり区別していたようです。
　また stool には、トイレ、便器、便座、排泄物（俗語）などの意味があります。「スツール stool」が座具の一種の名称として広まったのは、この便座の意味からきている可能性があります。その昔、西洋の王侯貴族などは穴のあいた台に座って用を足していました。ちょこっとその台に腰掛けて……。

スツールというのは改まってどっしり座るものではなく、少し座って休んだり、軽作業用に腰掛けたり、というものを指していうのだと捉えればいいと思います。したがって、背もたれのあるなしで判断しなくてもいいものでしょう。そんなことを考えながらスツールを日本語に置き換えてみると、やっぱり「腰掛け」という表現がよく似合いますね。

最後にお忙しいなか取材にご協力いただいた木工作家のみなさんに、この場をお借りして改めて深く御礼申し上げます。NILSON design studio のデザイナーのみなさん、撮影でお世話になったカメラマン諸氏、いろいろな情報を提供してくださった多くの方々に心から感謝いたします。

２０１０年8月

西川栄明

あとがき（New Editionの刊行にあたって）

このたび、２０１０年発行の『手づくりする木のスツール』に16ページ加えたNew Edition版を刊行する運びとなりました。「つくれる家具」シリーズのスツール製作工程（指導：賀來寿史）やオリジナリティーに富んだスツール5点（作：宇納正幸、坂本茂、新木聡、平山日用品店、松本行史）などを新たに掲載しています。

「手づくりする木の」シリーズには、木のカトラリーや木の器をテーマにした本があります。これらに比べると、初心者にとってスツールの製作は少しハードルが高い面があると思っていました。ところが、読者のみなさんから「ホームセンターで買ってきた材で、見よう見まねでつくってみた」「削り馬も使って完成させました」などのおたよりを頂戴し、数多くの方がスツールづくりに取り組まれていることを改めて認識しました。玄関に置いて靴を履く際に腰掛けたり、子どもをちょこんと座らせたりと、様々な生活シーンで自作のスツールが使われているようです。つくったことのない方も、チャレンジされてはいかがでしょうか。

最後に、New Edition版刊行に際し、ご協力いただいた方々に心より感謝の意を表します。

２０１８年2月

西川栄明

西川栄明（にしかわ たかあき）

編集者、ライター、椅子研究者。椅子や家具のほか、森林や木材から木工芸に至るまで、木に関することをテーマにして編集・執筆活動を行っている。著書に、『この椅子が一番！』『増補改訂新版 手づくりする木のカトラリー』『手づくりする木の器』『増補改訂 名作椅子の由来図典』『一生ものの木の家具と器』『木の匠たち』（以上、誠文堂新光社）、『木のものづくり探訪 関東の木工家20人の仕事』『樹木と木材の図鑑－日本の有用種101』（以上、創元社）、『日本の森と木の職人』（ダイヤモンド社）など。共著に、『Yチェアの秘密』『ウィンザーチェア大全』『原色 木材加工面がわかる樹種事典』『漆塗りの技法書』（以上、誠文堂新光社）など。

写真／加藤正道、亀畑清隆、楠本夏彦、山口祐康、渡部健五
装丁・デザイン／望月昭秀＋境田真奈美（NILSON design studio）

座《すわ》り心地《ごこち》のよい形《かたち》をさがす、つくる、つかう

New Edition

手《て》づくりする木《き》のスツール

NDC790

2018年4月20日　発　行

著　者　西川栄明《にしかわたかあき》
発行者　小川雄一
発行所　株式会社誠文堂新光社
〒113-0033　東京都文京区本郷3-3-11
（編集）電話03-5805-7285
（販売）電話03-5800-5780
http://www.seibundo-shinkosha.net/

印刷所　株式会社 大熊整美堂
製本所　和光堂 株式会社

ISBN978-4-416-61847-9